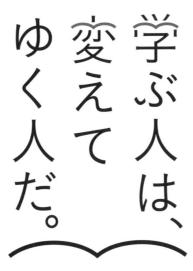

学ぶ人は、
変えて
ゆく人だ。

目の前にある問題はもちろん、

人生の問いや、

社会の課題を自ら見つけ、

挑み続けるために、人は学ぶ。

「学び」で、

少しずつ世界は変えてゆける。

いつでも、どこでも、誰でも、

学ぶことができる世の中へ。

旺文社

完全対応

英単語ターゲット **1900**

［6訂版］

書き覚えノート

ターゲット編集部 編

Obunsha

はじめに

　誰にでも一度は「覚えたはずの単語をすぐに忘れてしまう」「ちゃんと覚えられているか不安」と思った経験があるのではないでしょうか。その通り，英単語をマスターするのは決して簡単なことではありません。ただ漫然と単語を眺めていても，覚えたことの大半をすぐに忘れ去ってしまうのは記憶のメカニズムから考えて無理のないことなのです。

　本書『英単語ターゲット1900［6訂版］書き覚えノート』は，20語または10語単位に区切られた1つの範囲を
　① 3回書いて記憶する
　② 記憶した単語を日本語の意味から引き出す
　③ 前回の範囲をテストして復習する
という3ステップで学習する構成になっています。
　本書に沿って進めていけば，放っておいたら忘れ去ってしまう単語を何度も復習することになり，きちんと記憶に定着させることができます。単語を実際に書き込むという，手を動かす作業も記憶のために効果的です。

　p.2からの説明を参考にして，『英単語ターゲット1900［6訂版］』の1900語をマスターしていきましょう。

ターゲット編集部

CONTENTS

1

本書の構成と使用している記号について

1 Drill が1回の学習単位の目安です。Part 1・Part 2 は20語区切り，Part 3 は10語区切りで構成しています。学習法については p.4以降を参照してください。

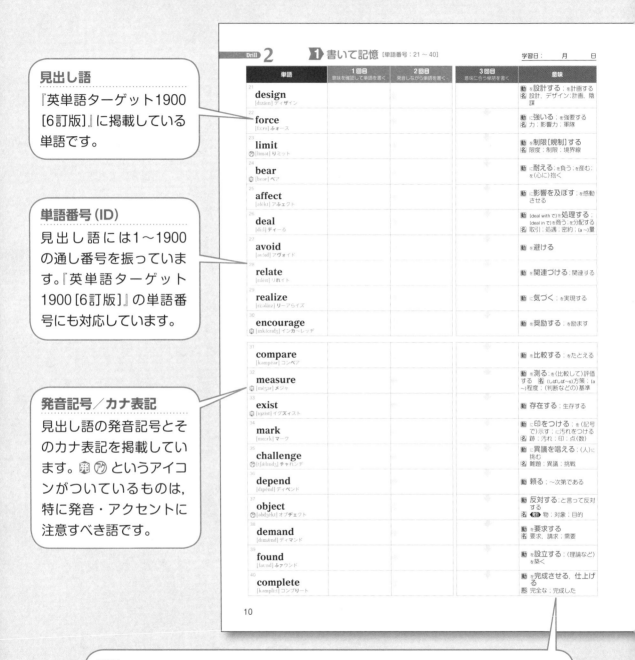

見出し語

『英単語ターゲット1900［6訂版］』に掲載している単語です。

単語番号（ID）

見出し語には1～1900の通し番号を振っています。『英単語ターゲット1900［6訂版］』の単語番号にも対応しています。

発音記号／カナ表記

見出し語の発音記号とそのカナ表記を掲載しています。[発] [アク] というアイコンがついているものは，特に発音・アクセントに注意すべき語です。

Drill 2　[1] 書いて記憶 ［単語番号：21 ～ 40］　学習日：　月　日

単語	1回目 意味を確認して単語を書く	2回目 発音しながら単語を書く	3回目 意味に合う単語を書く	意味
21 **design** [dɪzáɪn] ディザイン				[動] を設計する；を計画する [名] 設計，デザイン；計画，陰謀
22 **force** [fɔːrs] ふォース				[動] に強いる；を強要する [名] 力；影響力；軍隊
23 **limit** [アク] [límət] りミット				[動] を制限［規制］する [名] 限度；制限；境界線
24 **bear** [発] [beər] ベア				[動] に耐える；を負う；を産む；を(心に)抱く
25 **affect** [əfékt] アふェクト				[動] に影響を及ぼす；を感動させる
26 **deal** [diːl] ディーる				[動] (deal with で)を処理する；(deal in で)を商う；を分配する [名] 取引；処遇；密約；(a ~)量
27 **avoid** [əvɔ́ɪd] アヴォイド				[動] を避ける
28 **relate** [rɪléɪt] リれイト				[動] を関連づける；関連する
29 **realize** [ríːəlàɪz] リーアらイズ				[動] に気づく；を実現する
30 **encourage** [発] [ɪnkə́ːrɪdʒ] インカ～レッヂ				[動] を奨励する；を励ます
31 **compare** [kəmpéər] コンペア				[動] を比較する；をたとえる
32 **measure** [発] [méʒər] メジャ				[動] を測る；を(比較して)評価する [名] (しばしば~s)方策；(a ~)程度；(判断などの)基準
33 **exist** [発] [ɪgzíst] イグズィスト				[動] 存在する；生存する
34 **mark** [mɑːrk] マーク				[動] に印をつける；を(記号で)示す；に汚れをつける [名] 跡；汚れ；印；点(数)
35 **challenge** [アク] [tʃǽlɪndʒ] チャれンヂ				[動] に異議を唱える；(人)に挑む [名] 難題；異議；挑戦
36 **depend** [dɪpénd] ディペンド				[動] 頼る；～次第である
37 **object** [アク] [əbdʒékt] オブヂェクト				[動] 反対する；と言って反対する [名] [発別] 物；対象；目的
38 **demand** [dɪmǽnd] ディマンド				[動] を要求する [名] 要求，請求；需要
39 **found** [faʊnd] ふァウンド				[動] を設立する；(理論など)を築く
40 **complete** [kəmplíːt] コンプりート				[動] を完成させる，仕上げる [形] 完全な；完成した

10

意味

見出し語の意味を原則『英単語ターゲット1900［6訂版］』に準じて掲載しています（ただし，一部変更している場合があります）。
同じ単語でも品詞が変わると発音やアクセントが変わることに注意すべき語には，[発別] [アク別] というアイコンをつけています。

❷ 記憶から引き出す

意味	ID	単語を書こう
動 を制限[規制]する	23	
動 を要求する	38	
動 に耐える	24	
動 を比較する	31	
動 を奨励する	30	
動 反対する	37	
動 に気づく	29	
動 を測る	32	
動 存在する	33	
動 を設計する	21	

意味	ID	単語を書こう
動 を処理する	26	with
動 頼る	36	
動 を設立する	39	
動 を関連づける	28	
動 に影響を及ぼす	25	
動 を避ける	27	
動 に印をつける	34	
動 を完成させる, 仕上げる	40	
動 に強いる	22	
動 に異議を唱える	35	

意味
左ページの語の意味のうち, 赤字で示した部分(第一に覚えておくべき厳選した意味)を掲載しています。

単語番号 (ID)
左ページの見出し語に振った単語番号に対応しています。

❸ Drill 1 の復習テスト

✓	単語 なぞって書く	ID	意味を書こう
	concern	17	
	tend	16	
	decide	11	
	reduce	20	
	increase	2	
	offer	12	
	create	1	
	mean	4	
	consider	7	
	involve	19	

✓	単語 なぞって書く	ID	意味を書こう
	require	13	
	improve	3	
	store	15	
	suggest	9	
	include	6	
	share		
	allow	8	
	describe	18	
	produce	10	
	own	5	

なぞって書く
1 つ前の Drill の見出し語をランダムに並べ替えて, なぞり書きできるように薄い文字にしています。

忘れていた単語は, p.18 の My Word List へ **GO ➡**

11

本書で使用している記号など

動 動詞　名 名詞　形 形容詞　副 副詞　前 前置詞　接 接続詞
[ ] 直前の語(句)と置き換え可能　( ) 省略可能　〔 〕補足説明
米 アメリカ式英語　英 イギリス式英語　〔~s〕複数形でよく使われる
〔the ~〕冠詞 the を伴う　〔a ~〕不定冠詞 a または an を伴う

本書の特長と効果的な学習法

1日1 Drill（20単語／Part 3は10単語）を目安に進めましょう。

1 書いて記憶

〔前半10語〕

❶ 左欄の単語を見ながら，正しいスペルで書く。

❷ 声に出して発音しながら書く。

❸ 10語分❶・❷を終えたら，右欄の意味を見て単語を書く。

〔後半10語〕

❹～❻ 前半と同じ手順を繰り返す。

※前半・後半に分けず，一度に20語を練習してももちろんかまいません。

2 記憶から引き出す

左ページの20語がランダムに並べ替えられています。

❼ 意味を見て単語を思い出して書く。

❽ 左ページで単語番号の一致する単語と意味を見て，答え合わせをする。

3 復習テスト

1つ前の Drill の20語がランダムに並べ替えられています。

❾ 単語をなぞってから，その意味を思い出して書く。

❿ 前 Drill で単語番号の一致する単語を見て，正しく意味が書けたか答え合わせをする。

書けなかった単語は，Section の最後のページ「My Word List」に単語と意味をセットにして書いておきましょう。

［左ページ］

［右ページ］

My Word List

100語で1 Section が終了です。毎 Section 末にある「My Word List」に書きためておいた単語は，別の紙にそれぞれ最低でも5回は書いて，完全に覚えるようにしましょう。覚えたと思うまで何回でも書くことが重要です。

復習の重要性

「はじめに」で述べたように，暗記したはずの事柄は放っておくとどんどん失われていきます。よって，本書の学習を1日1 Drill ずつコンスタントに進めていくのが望ましいやり方です。1日ごとに前日の範囲を復習し（⑬復習テスト），100語終えたところで「My Word List」（覚えていなかった単語）を復習するというやり方で繰り返すことによって，記憶が強化されます。

さらに記憶を万全にするために，「My Word List」の復習から時間をおいて，もう一度その Section の範囲（100語）を復習することをおすすめします。

本書の学習をサポートする学習管理表が p.6にあります。ぜひ活用して，学習の記録を付けながら，復習も忘れずに進めてください。

本書のやり方に従って「書きながら覚える」ことで，難関大レベルまで対応できる1900語とその意味をしっかりと記憶に残すことができます。

装丁デザイン：及川真咲デザイン事務所　本文デザイン：牧野剛士　ペーパーイラスト制作・撮影：AJIN
編集担当：上原 英　編集協力：有限会社アリエッタ

学習管理表

その日の学習が終わったら下の表の／部分に日付を記入して，学習の記録を付けましょう。

Drill 1	Drill 2	Drill 3	Drill 4	Drill 5	Drill 6	Drill 7
Drill 8	Drill 9	Drill 10	Drill 11	Drill 12	Drill 13	Drill 14
Drill 15	Drill 16	Drill 17	Drill 18	Drill 19	Drill 20	Drill 21
Drill 22	Drill 23	Drill 24	Drill 25	Drill 26	Drill 27	Drill 28
Drill 29	Drill 30	Drill 31	Drill 32	Drill 33	Drill 34	Drill 35
Drill 36	Drill 37	Drill 38	Drill 39	Drill 40	Drill 41	Drill 42
Drill 43	Drill 44	Drill 45	Drill 46	Drill 47	Drill 48	Drill 49
Drill 50	Drill 51	Drill 52	Drill 53	Drill 54	Drill 55	Drill 56
Drill 57	Drill 58	Drill 59	Drill 60	Drill 61	Drill 62	Drill 63
Drill 64	Drill 65	Drill 66	Drill 67	Drill 68	Drill 69	Drill 70
Drill 71	Drill 72	Drill 73	Drill 74	Drill 75	Drill 76	Drill 77
Drill 78	Drill 79	Drill 80	Drill 81	Drill 82	Drill 83	Drill 84
Drill 85	Drill 86	Drill 87	Drill 88	Drill 89	Drill 90	Drill 91
Drill 92	Drill 93	Drill 94	Drill 95	Drill 96	Drill 97	Drill 98
Drill 99	Drill 100	Drill 101	Drill 102	Drill 103	Drill 104	Drill 105
Drill 106	Drill 107	Drill 108	Drill 109	Drill 110	Drill 111	Drill 112
Drill 113	Drill 114	Drill 115				

Part 1   Section 1

単語	1回目 意味を確認して単語を書く	2回目 発音しながら単語を書く	3回目 意味に合う単語を書く	意味
1 **create** 🔈[kri(:)éɪt] クリ(ー)**エ**イト				動 を**創り出す**；を引き起こす
2 **increase** 🔈[ɪnkríːs] イン**ク**リース				動 **増加する**；を増やす 名 〈アクセント注意〉増加，増大
3 **improve** 🔈[ɪmprúːv] インプ**るー**ヴ				動 を**向上させる**；よくなる
4 **mean** [miːn] **ミー**ン				動 を**意味する**；(…する)つもりである(to do)
5 **own** [oʊn] **オ**ウン				動 を**所有している**；(事実・罪など)を認める 形 自分自身の；独自の
6 **include** [ɪnklúːd] インク**るー**ド				動 を**含む**
7 **consider** 🔈[kənsídər] コン**スィ**ダァ				動 を**見なす**；について考える
8 **allow** 🔈[əláʊ] ア**ら**ウ				動 を**許す**；を与える；考慮に入れる
9 **suggest** [səgdʒést] サ(グ)**ヂェ**スト				動 を**提案する**；を暗示する
10 **produce** 🔈[prədjúːs] プロ**デュー**ス				動 を**生産する**；を取り出す 名 〈アクセント注意〉農産物，生産物
11 **decide** [dɪsáɪd] ディ**サ**イド				動 を**決める**；に決着をつける
12 **offer** 🔈[ɔ́(ː)fər] **オ**(ー)ふァ				動 を**提供する**，申し出る 名 提案，提供；付け値
13 **require** [rɪkwáɪər] リク**ワ**イア				動 を**要求する**；を必要とする
14 **share** [ʃeər] **シェ**ア				動 を**共有する**；を分担する 名 分け前；分担；株(式)
15 **store** [stɔːr] ス**トー**				動 を**保存する**；を蓄える 名 店；蓄え；蓄積
16 **tend** [tend] **テ**ンド				動 **傾向がある**；を世話する
17 **concern** [kənsə́ːrn] コン**サ**〜ン				動 (受身形で)**心配している**；(受身形で)関係する；に関連する 名 心配(事)；関心事
18 **describe** [dɪskráɪb] ディスク**ラ**イブ				動 について**述べる**，を説明する
19 **involve** [ɪnvá(ː)lv] イン**ヴァ**(ー)るヴ				動 を**関与させる**；を伴う
20 **reduce** [rɪdjúːs] リ**デュー**ス				動 を**減らす**；を変える

2 記憶から引き出す

意味	ID	単語を書こう
動 を創り出す	1	
動 を減らす	20	
動 を提案する	9	
動 心配している	17	
動 を意味する	4	
動 を決める	11	
動 を共有する	14	
動 を見なす	7	
動 を保存する	15	
動 について述べる，を説明する	18	

意味	ID	単語を書こう
動 を許す	8	
動 傾向がある	16	
動 を関与させる	19	
動 増加する	2	
動 を所有している	5	
動 を提供する，申し出る	12	
動 を要求する	13	
動 を生産する	10	
動 を含む	6	
動 を向上させる	3	

1 書いて記憶 [単語番号：21 ～ 40]

学習日：　　月　　日

単語	1回目 意味を確認して単語を書く	2回目 発音しながら単語を書く	3回目 意味に合う単語を書く	意味
21 **design** [dɪzáɪn] ディザイン				[動] を設計する；を計画する [名] 設計，デザイン；計画，陰謀
22 **force** [fɔːrs] ふォース				[動] に強いる；を強要する [名] 力；影響力；軍隊
23 **limit** [アク][límət] リミット				[動] を制限[規制]する [名] 限度；制限；境界線
24 **bear** [発] [beər] ベア				[動] に耐える；を負う；を産む；を(心に)抱く
25 **affect** [əfékt] アふェクト				[動] に影響を及ぼす；を感動させる
26 **deal** [diːl] ディーる				[動] (deal with で)を処理する；(deal in で)を商う；を分配する [名] 取引；処遇；密約；(a ～)量
27 **avoid** [əvɔ́ɪd] アヴォイド				[動] を避ける
28 **relate** [rɪléɪt] リれイト				[動] を関連づける；関連する
29 **realize** [ríːəlàɪz] リーアらイズ				[動] に気づく；を実現する
30 **encourage** [発] [ɪnkə́ːrɪdʒ] インカ～レッヂ				[動] を奨励する；を励ます
31 **compare** [kəmpéər] コンペア				[動] を比較する；をたとえる
32 **measure** [発] [méʒər] メジャ				[動] を測る；を(比較して)評価する [名] (しばしば～s)方策；(a ～)程度；(判断などの)基準
33 **exist** [発] [ɪgzíst] イグズィスト				[動] 存在する；生存する
34 **mark** [mɑːrk] マーク				[動] に印をつける；を(記号で)示す；に汚れをつける [名] 跡；汚れ；印；点(数)
35 **challenge** [アク][tʃǽlɪndʒ] チャれンヂ				[動] に異議を唱える；(人)に挑む [名] 難題；異議；挑戦
36 **depend** [dɪpénd] ディペンド				[動] 頼る；～次第である
37 **object** [アク][əbdʒékt] オブヂェクト				[動] 反対する；と言って反対する [名] [発別] 物；対象；目的
38 **demand** [dɪmǽnd] ディマンド				[動] を要求する [名] 要求，請求；需要
39 **found** [faʊnd] ふァウンド				[動] を設立する；(理論など)を築く
40 **complete** [kəmplíːt] コンプリート				[動] を完成させる，仕上げる [形] 完全な；完成した

② 記憶から引き出す

意味	ID	単語を書こう
動 を制限[規制]する	23	
動 を要求する	38	
動 に耐える	24	
動 を比較する	31	
動 を奨励する	30	
動 反対する	37	
動 に気づく	29	
動 を測る	32	
動 存在する	33	
動 を設計する	21	

意味	ID	単語を書こう
動 を処理する	26	with
動 頼る	36	
動 を設立する	39	
動 を関連づける	28	
動 に影響を及ぼす	25	
動 を避ける	27	
動 に印をつける	34	
動 を完成させる, 仕上げる	40	
動 に強いる	22	
動 に異議を唱える	35	

③ Drill 1 の復習テスト

✔	単語 なぞって書く	ID	意味を書こう
	concern	17	
	tend	16	
	decide	11	
	reduce	20	
	increase	2	
	offer	12	
	create	1	
	mean	4	
	consider	7	
	involve	19	

✔	単語 なぞって書く	ID	意味を書こう
	require	13	
	improve	3	
	store	15	
	suggest	9	
	include	6	
	share	14	
	allow	8	
	describe	18	
	produce	10	
	own	5	

忘れていた単語は，p.18 の My Word List へ GO▶

Drill 3 1 書いて記憶 ［単語番号：41 ～ 60］

学習日：　　月　　日

単語	1回目 意味を確認して単語を書く	2回目 発音しながら単語を書く	3回目 意味に合う単語を書く	意味
41 **idea** [発] [ア] [aɪdíːə] アイディーア				[名] **考え，思いつき**：理解；見解；概念
42 **accord** [əkɔ́ːrd] アコード				[名] **一致**；合意，協定 [動] (人)に(地位など)を与える；一致する
43 **company** [kʌ́mpəni] カンパニィ				[名] **会社**；〔集合的に〕仲間；(仲間と)一緒にいること；一座
44 **interest** [ア] [íntərəst] インタレスト				[名] **興味**；利子；利害 [動] に興味を起こさせる
45 **research** [ríːsəːrtʃ] リーサ～チ				[名] **研究，調査** [動] を研究［調査］する；研究［調査］する
46 **cause** [発] [kɔːz] コーズ				[名] **原因**；理由；大義 [動] を引き起こす，の原因となる
47 **reason** [ríːzən] リーズン				[名] **理由**；根拠；理性；分別 [動] 論理的に考える；と判断する
48 **effect** [ɪfékt] イふェクト				[名] **影響，効果**；結果
49 **influence** [ア] [ínfluəns] インふるエンス				[名] **影響(力)** [動] に影響を及ぼす，を左右する
50 **situation** [sìtʃuéɪʃən] スィチュエイション				[名] **状況**；(人の置かれた)立場
51 **environment** [発] [ɪnváɪərənmənt] インヴァイ(ア)ロンメント				[名] **環境**
52 **skill** [skɪl] スキる				[名] **技能**；熟練
53 **matter** [mǽtər] マタァ				[名] **事柄**；問題；〔~s〕事態；〔the ~〕困難；物質 [動] 重要である，問題となる
54 **view** [vjuː] ヴュー				[名] **見解**；(特定の)見方；眺め [動] を見る；を見なす
55 **value** [vǽljuː] ヴァりュー				[名] **価値**；価格；評価；〔~s〕価値観 [動] を評価する；尊重する
56 **species** [発] [spíːʃiːz] スピーシーズ				[名] **(生物の)種［しゅ］**；種類
57 **thought** [発] [θɔːt] そート				[名] **考え**；思考
58 **knowledge** [発] [ア] [nɑ́(ː)lɪdʒ] ナ(ー)れッヂ				[名] **知識**；知っていること；認識
59 **memory** [méməri] メモリィ				[名] **記憶(力)**；思い出
60 **practice** [prǽktɪs] プラクティス				[名] **実践，実行**；(社会の)慣習；練習 [動] を習慣的に行う；を練習する；に従事する

2 記憶から引き出す

意味	ID	単語を書こう		意味	ID	単語を書こう
名 事柄	53			名 考え，思いつき	41	
名 影響，効果	48			名 興味	44	
名 技能	52			名 実践，実行	60	
名 原因	46			名 知識	58	
名 記憶(力)	59			名 見解	54	
名 (生物の)種	56			名 状況	50	
名 研究，調査	45			名 会社	43	
名 考え	57			名 価値	55	
名 環境	51			名 一致	42	
名 影響(力)	49			名 理由	47	

3 Drill 2の復習テスト

✔	単語 なぞって書く	ID	意味を書こう	✔	単語 なぞって書く	ID	意味を書こう
	mark	34			limit	23	
	object	37			affect	25	
	deal	26			exist	33	
	bear	24			relate	28	
	challenge	35			encourage	30	
	found	39			depend	36	
	design	21			compare	31	
	force	22			complete	40	
	measure	32			demand	38	
	avoid	27			realize	29	

忘れていた単語は，p.18 の My Word List へ **Go**→

単語	1回目 意味を確認して単語を書く	2回目 発音しながら単語を書く	3回目 意味に合う単語を書く	意味
61 **benefit** [bénɪfɪt] ベネふィット				名 利益, 恩恵；給付金 動 に利益を与える；利益を得る
62 **theory** [θíːəri] すィーオリィ				名 学説；理論；原理；推測
63 **issue** [íʃuː] イシュー				名 問題(点)；発行(物)；発表　動 を発行する；(声明など)を出す
64 **experiment** [ɪkspérɪmənt] イクスペリメント				名 実験 動 実験をする
65 **article** [ɑ́ːrtɪkl] アーティクる				名 記事；条項；品物
66 **focus** [fóʊkəs] ふォウカス				名 焦点；関心の的 動 を集中させる；焦点を絞る
67 **subject** [sʌ́bdʒekt] サブヂェクト				名 話題；科目；主題；被験者 形 (be subject to で)を受けやすい 動 (be subjected to で)を受ける
68 **project** [prɑ́(ː)dʒekt] プラ(ー)ヂェクト				名 計画；事業；研究計画 動 を計画する；を見積もる；を投影する
69 **quality** [kwɑ́(ː)ləti] クワ(ー)リティ				名 質；特質 形 良質の, 上質の
70 **role** [roʊl] ロウる				名 役割；(俳優などの)役
71 **term** [təːrm] ターム				名 (専門)用語；(~s)条件；(~s)間柄；学期
72 **statement** [stéɪtmənt] ステイトメント				名 声明；主張；明細書
73 **material** [mətíəriəl] マティ(ア)リアる				名 材料, 素材；資料；生地 形 物質の；物質的な
74 **evidence** [évɪdəns] エヴィデンス				名 証拠
75 **source** [sɔːrs] ソース				名 源, 根源；出所, 情報源 動 (部品・資材)を調達する
76 **community** [kəmjúːnəti] コミューニティ				名 (共同)社会, ～界；地域社会；地域住民
77 **technology** [teknɑ́(ː)lədʒi] テクナ(ー)ろヂィ				名 科学技術；応用技術
78 **culture** [kʌ́ltʃər] カるチャ				名 文化；教養；耕作；養殖；培養　動 (微生物)を培養する；(土地)を耕す
79 **appropriate** [əpróʊpriət] アプロウプリエット				形 適切な 動 (金銭など)を充てる
80 **likely** [láɪkli] らイクリィ				形 ありそうな

2 記憶から引き出す

意味	ID	単語を書こう
名 源, 根源	75	
名 質	69	
名 役割	70	
形 ありそうな	80	
名 記事	65	
名 計画	68	
名 声明	72	
名 問題(点)	63	
名 焦点	66	
名 実験	64	

意味	ID	単語を書こう
名 材料, 素材	73	
名 (共同)社会, ～界	76	
形 適切な	79	
名 文化	78	
名 学説	62	
名 話題	67	
名 科学技術	77	
名 利益, 恩恵	61	
名 証拠	74	
名 (専門)用語	71	

3 Drill 3の復習テスト

✓	単語 なぞって書く	ID	意味を書こう
	value	55	
	situation	50	
	influence	49	
	environment	51	
	interest	44	
	practice	60	
	idea	41	
	species	56	
	reason	47	
	view	54	

✓	単語 なぞって書く	ID	意味を書こう
	thought	57	
	cause	46	
	accord	42	
	memory	59	
	effect	48	
	research	45	
	skill	52	
	knowledge	58	
	company	43	
	matter	53	

忘れていた単語は, p.18 の My Word List へ GO▶

1 書いて記憶 [単語番号：81 ～ 100]

学習日：　　月　　日

単語	1回目 意味を確認して単語を書く	2回目 発音しながら単語を書く	3回目 意味に合う単語を書く	意味
81 **possible** [pá(:)səbl] パ(ー)スィブる				[形] 可能な；可能性のある
82 **individual** [ア] [ìndɪvídʒuəl] インディヴィヂュアる				[形] 個々の；個人の [名] 個人；個体
83 **public** [pʌ́blɪk] パブりック				[形] 公の；公衆の；公開の [名] 〔the ~〕一般大衆
84 **common** [ká(:)mən] カ(ー)モン				[形] 共通の；普通の；一般の [名] 共[公]有地；〔the C~s〕(英国・カナダなどの)下院
85 **certain** [発] [sə́:rtən] サ～トゥン				[形] 確信して；確かな；ある；一定の
86 **similar** [símələr] スィミらァ				[形] 似ている，類似した；同様の
87 **recent** [発] [ア] [rí:sənt] リースント				[形] 最近の
88 **major** [発] [méɪdʒər] メイヂャ				[形] 主要な；大きい(ほうの)；長調の [名] [主に米] 専攻科目；少佐 [動] 専攻する
89 **patient** [発] [péɪʃənt] ペイシェント				[形] 忍耐強い；勤勉な [名] 患者
90 **particular** [ア] [pərtíkjulər] パティキュらァ				[形] 特定の；特別の；やかましい [名] 〔~s〕詳細；項目
91 **physical** [fízɪkəl] ふィズィカる				[形] 身体の；物質的な；物理学の
92 **various** [発] [ア] [véəriəs] ヴェ(ア)リアス				[形] さまざまな；いくつかの
93 **available** [発] [əvéɪləbl] アヴェイらブる				[形] 手に入る；利用できる；手が空いている
94 **native** [néɪtɪv] ネイティヴ				[形] 出生地の；原産の；生得の [名] その土地[国]に生まれた人
95 **political** [pəlítɪkəl] ポりティカる				[形] 政治(上)の
96 **due** [dju:] デュー				[形] 予定された；(支払)期日で；しかるべき
97 **blank** [blæŋk] ブらンク				[形] 空白の；無表情な；がらんとした [名] 空白，余白；(心の)空白，空虚
98 **ancient** [発] [éɪnʃənt] エインシェント				[形] 古代の；昔からの [名] 古代の人，昔の人
99 **correct** [kərékt] コレクト				[形] 正しい；適切な [動] を訂正する；を直す
100 **despite** [dɪspáɪt] ディスパイト				[前] ～にもかかわらず

2 記憶から引き出す

意味	ID	単語を書こう
形 共通の	84	
形 予定された	96	
前 ～にもかかわらず	100	
形 確信して	85	
形 個々の	82	
形 身体の	91	
形 政治(上)の	95	
形 空白の	97	
形 さまざまな	92	
形 似ている, 類似した	86	

意味	ID	単語を書こう
形 正しい	99	
形 出生地の	94	
形 忍耐強い	89	
形 最近の	87	
形 手に入る	93	
形 特定の	90	
形 主要な；大きい (ほうの)	88	
形 可能な	81	
形 公の	83	
形 古代の	98	

3 Drill 4 の復習テスト

✓	単語 なぞって書く	ID	意味を書こう
	theory	62	
	appropriate	79	
	culture	78	
	community	76	
	technology	77	
	subject	67	
	focus	66	
	material	73	
	evidence	74	
	quality	69	

✓	単語 なぞって書く	ID	意味を書こう
	likely	80	
	issue	63	
	statement	72	
	source	75	
	benefit	61	
	experiment	64	
	role	70	
	article	65	
	term	71	
	project	68	

忘れていた単語は, p.18 の My Word List へ **Go ►**

My Word List

Drill 1 ～ 4

～覚えていなかった単語～

単語	意味

単語	意味

最低「5回」は書いて絶対に覚えよう！

Part 1   Section 2

1 書いて記憶 [単語番号：101 ～ 120]

学習日：　　月　　日

単語	1回目 意味を確認して単語を書く	2回目 発音しながら単語を書く	3回目 意味に合う単語を書く	意味
101 **notice** [nóutəs] ノウティス				[動] に気づく [名] 通知；掲示；注目
102 **refer** [ア][rɪfə́ːr] リふァ～				[動] 言及する，関連する；参照する
103 **approach** [発] [əpróutʃ] アプロウチ				[動] に近づく；に取り組む [名] 取り組み方；接近
104 **wonder** [発] [wʌ́ndər] ワンダァ				[動] かなと思う；驚く
105 **imagine** [ɪmǽdʒɪn] イマヂン				[動] (を)想像する；(を)推測する
106 **recognize** [発] [ア] [rékəgnàɪz] レコグナイズ				[動] を識別できる；を認める
107 **solve** [sɑ(ː)lv] サ(ー)るヴ				[動] を解く，解明する；(困難など)を解決する
108 **occur** [発] [ア] [əkə́ːr] オカ～				[動] 起こる；心に浮かぶ；現れる
109 **argue** [ɑ́ːrgjuː] アーギュー				[動] と主張する；議論する
110 **claim** [kleɪm] クれイム				[動] と主張する；を(自分のものとして)要求する [名] 主張；権利(の主張)；要求
111 **express** [ɪksprés] イクスプレス				[動] を表す，述べる [形] 急行の；速達の；至急の [名] 急行；速達便
112 **draw** [drɔː] ドゥロー				[動] を引き出す；を引く；を描く；近づく
113 **waste** [weɪst] ウェイスト				[動] を浪費する，無駄にする [名] 無駄，浪費；廃棄物
114 **advance** [ア] [ədvǽns] アドヴァンス				[動] を進歩させる；を進める；進歩する；進む [名] 進歩；前進；進行 [形] 先発の；事前の
115 **spread** [発] [spred] スプレッド				[動] を広める；広がる [名] 広まり；蔓延[まんえん]；分布
116 **prepare** [ア] [prɪpéər] プリペア				[動] を準備する；を調理する；準備をする
117 **gain** [geɪn] ゲイン				[動] を獲得する；(を)増す [名] 増加；利益(を得ること)
118 **achieve** [ətʃíːv] アチーヴ				[動] を達成する；を成し遂げる
119 **establish** [ア] [ɪstǽblɪʃ] イスタブリッシ				[動] を確立する；を設立する
120 **supply** [発] [səpláɪ] サプらイ				[動] を供給する [名] 供給；(～plies)生活必需品

2 記憶から引き出す

意味	ID	単語を書こう
動 かなと思う	104	
動 言及する，関連する	102	
動 を表す，述べる	111	
動 を準備する	116	
動 を広める	115	
動 を獲得する	117	
動 を浪費する，無駄にする	113	
動 に近づく	103	
動 に気づく	101	
動 を供給する	120	

意味	ID	単語を書こう
動 を引き出す	112	
動 を解く，解明する	107	
動 と主張する；を(自分のものとして)要求する	110	
動 を達成する	118	
動 と主張する；議論する	109	
動 を識別できる	106	
動 (を)想像する	105	
動 起こる	108	
動 を進歩させる	114	
動 を確立する	119	

3 Drill 5 の復習テスト

✔	単語 なぞって書く	ID	意味を書こう
	native	94	
	physical	91	
	various	92	
	major	88	
	ancient	98	
	individual	82	
	available	93	
	possible	81	
	certain	85	
	despite	100	

✔	単語 なぞって書く	ID	意味を書こう
	particular	90	
	common	84	
	correct	99	
	recent	87	
	patient	89	
	due	96	
	similar	86	
	blank	97	
	political	95	
	public	83	

忘れていた単語は，p.30 の My Word List へ GO➡

1 書いて記憶 [単語番号：121 ～ 140]

学習日：　　月　　日

単語	1回目 意味を確認して単語を書く	2回目 発音しながら単語を書く	3回目 意味に合う単語を書く	意味
121 **suppose** [səpóuz] サポウズ				[動] と思う；と仮定する
122 **perform** [pərfɔ́ːrm] パふォーム				[動] (を)行う；(を)演じる，(を)演奏する
123 **prefer** [ア] [prɪfə́ːr] プリふァ～				[動] のほうを好む
124 **determine** [発] [dɪtə́ːrmɪn] ディタ～ミン				[動] を決定する；を正確に知る
125 **treat** [発] [triːt] トゥリート				[動] を扱う；を治療する [名] もてなし；楽しみ；お祝い
126 **prove** [発] [pruːv] プルーヴ				[動] を証明する；判明する，わかる
127 **apply** [əpláɪ] アプらイ				[動] を適用［応用］する；申し込む；適用される
128 **mention** [ménʃən] メンション				[動] に言及する；と言う [名] 言及，記載
129 **communicate** [ア] [kəmjúːnɪkèɪt] コミューニケイト				[動] 情報交換をする；を伝達する
130 **contain** [kəntéɪn] コンテイン				[動] を含む；を収容する；(感情など)を抑える
131 **contact** [ア] [kɑ́(ː)ntækt] カ(ー)ンタクト				[動] と連絡を取る；接触する [名] 連絡，接触；[通例~s]コネ [形] (緊急)連絡用の；触発性の
132 **regard** [rɪgɑ́ːrd] リガード				[動] を見なす；を見る；を評価する [名] 配慮；尊敬；[~s]よろしくという挨拶[あいさつ]
133 **respect** [rɪspékt] リスペクト				[動] を尊敬する；を尊重する [名] 尊敬，敬意；考慮；点
134 **search** [発] [səːrtʃ] サ～チ				[動] 捜す；を捜索する；を詳しく調べる [名] 捜索，探索；(データの)検索
135 **connect** [kənékt] コネクト				[動] をつなぐ；を関連づける
136 **decline** [dɪkláɪn] ディクらイン				[動] 減少する；衰退する；を断る [名] 衰退；下落
137 **prevent** [ア] [prɪvént] プリヴェント				[動] を妨げる；を防ぐ
138 **suffer** [sʌ́fər] サふァ				[動] 苦しむ；患う；(苦痛など)を経験する
139 **survive** [ア] [sərváɪv] サヴァイヴ				[動] を切り抜けて生き残る；より長生きする；生き延びる
140 **publish** [pʌ́blɪʃ] パブリッシ				[動] を出版する；を公表する

2 記憶から引き出す

意味	ID	単語を書こう
動 のほうを好む	123	
動 を扱う	125	
動 を妨げる	137	
動 をつなぐ	135	
動 を切り抜けて生き残る	139	
動 (を)行う	122	
動 を尊敬する	133	
動 を証明する	126	
動 を適用[応用]する	127	
動 を見なす	132	

意味	ID	単語を書こう
動 と連絡を取る	131	
動 を含む	130	
動 苦しむ	138	
動 に言及する	128	
動 を出版する	140	
動 減少する	136	
動 情報交換をする	129	
動 捜す	134	
動 を決定する	124	
動 と思う	121	

3 Drill 6 の復習テスト

✓	単語 なぞって書く	ID	意味を書こう
	wonder	104	
	supply	120	
	approach	103	
	solve	107	
	refer	102	
	waste	113	
	establish	119	
	prepare	116	
	notice	101	
	occur	108	

✓	単語 なぞって書く	ID	意味を書こう
	achieve	118	
	imagine	105	
	claim	110	
	advance	114	
	draw	112	
	gain	117	
	argue	109	
	express	111	
	recognize	106	
	spread	115	

忘れていた単語は, p.30 の My Word List へ **GO**

1 書いて記憶 [単語番号：141 ～ 160]

学習日：　　月　　日

単語	1回目 意味を確認して単語を書く	2回目 発音しながら単語を書く	3回目 意味に合う単語を書く	意味
141 **opportunity** [発] [ア] [ɑ̀(ː)pərtjúːnəti] ア(ー)ポテューニティ				[名] 機会
142 **task** [tæsk] タスク				[名] (課せられた)仕事, 作業；課題；タスク [動] …する仕事[任務]を課される
143 **industry** [ア] [índəstri] インダストゥリィ				[名] 産業；勤勉
144 **medium** [発] [míːdiəm] ミーディアム				[名] (情報伝達の)媒体；手段 [形] 中間の, 平均の；(肉の焼き具合が)ミディアムの
145 **economy** [ア] [ɪkɑ́(ː)nəmi] イカ(ー)ノミィ				[名] 経済(状態)；経済圏；節約
146 **policy** [pɑ́(ː)ləsi] パ(ー)リスィ				[名] 政策, 方針；(個人の)主義
147 **account** [əkáunt] アカウント				[名] 説明；勘定；口座 [動] [account for で]を説明する；(割合)を占める
148 **trade** [treɪd] トゥレイド				[名] 貿易；商売, 取引 [動] 取引をする；を交換する
149 **model** [mɑ́(ː)dəl] マ(ー)ドゥる				[名] 模範；モデル；模型；型 [形] 模型の；模範的な, 完璧な [動] を模範に合わせる；を作る
150 **figure** [発] [fígjər] ふィギャ				[名] 数字；姿；人物；図表 [動] と判断する, と考える；目立つ；現れる
151 **cell** [sel] セる				[名] 細胞；独房；電池
152 **image** [発] [ア] [ímɪdʒ] イメッヂ				[名] 印象, イメージ；画像；像 [動] を心に描く, 想像する；の像を描く[作る]
153 **emotion** [ɪmóuʃən] イモウション				[名] 感情, 情動；感動
154 **stress** [stres] ストゥレス				[名] ストレス；圧力；強調 [動] を強調する；に圧力を加える
155 **decade** [発] [dékeɪd] デケイド				[名] 10年間
156 **range** [発] [reɪndʒ] レインヂ				[名] 範囲；射程距離；(同類の)組 [動] わたる, 及ぶ；(動植物が)分布する
157 **character** [ア] [kǽrəktər] キャラクタァ				[名] 性格, 個性；特徴；登場人物；文字
158 **advantage** [発] [ア] [ədvǽntɪdʒ] アドヴァンテッヂ				[名] 利点；優勢；有利
159 **phrase** [freɪz] ふレイズ				[名] 句；成句；言葉遣い [動] を(ある)言葉で述べる
160 **damage** [ア] [dǽmɪdʒ] ダメッヂ				[名] 損害, 損傷；[～s]損害賠償金 [動] に損害[損傷]を与える；を傷つける

2 記憶から引き出す

意味	ID	単語を書こう
名 利点	158	
名 感情, 情動	153	
名 経済(状態)	145	
名 範囲	156	
名 (課せられた)仕事, 作業	142	
名 句	159	
名 機会	141	
名 産業	143	
名 数字	150	
名 印象, イメージ	152	

意味	ID	単語を書こう
名 説明	147	
名 政策, 方針	146	
名 ストレス	154	
名 (情報伝達の)媒体	144	
名 性格, 個性	157	
名 模範	149	
名 損害, 損傷	160	
名 細胞	151	
名 貿易	148	
名 10年間	155	

3 Drill 7 の復習テスト

✓	単語 なぞって書く	ID	意味を書こう
	regard	132	
	prevent	137	
	survive	139	
	search	134	
	apply	127	
	prefer	123	
	publish	140	
	suffer	138	
	treat	125	
	contact	131	

✓	単語 なぞって書く	ID	意味を書こう
	mention	128	
	contain	130	
	perform	122	
	determine	124	
	prove	126	
	connect	135	
	respect	133	
	decline	136	
	communicate	129	
	suppose	121	

忘れていた単語は, p.30 の My Word List へ **GO**

単語	1回目 意味を確認して単語を書く	2回目 発音しながら単語を書く	3回目 意味に合う単語を書く	意味
161 **impact** [ímpækt] インパクト				名 **影響**；(激しい)衝突；衝撃(力) 動 [アク] 強い影響を及ぼす；衝突する
162 **method** [méθəd] メソッド				名 **方法**；体系；秩序
163 **resource** [ríːsɔːrs] リーソース				名 [通例~s] **資源**；[通例~s] 資金；才覚
164 **region** [ríːdʒən] リーヂョン				名 **地域**；領域；部位
165 **medicine** [médsən] メドゥス(ィ)ン				名 **薬**；医学
166 **detail** [díːteɪl] ディーテイる				名 [~s] **詳細(な情報)，細部**
167 **feature** [fíːtʃər] ふィーチャ				名 **特徴**；[通例~s]顔つき；特集記事[番組] 動 を呼び物にする；を主演させる
168 **function** [fʌ́ŋkʃən] ふァンクション				名 **機能**；関数 動 機能する，作用する
169 **access** [ǽkses] アクセス				名 **利用，入手**；接近(の機会・方法・権利) 動 にアクセスする；に接近する
170 **item** [áɪtəm] アイテム				名 **品目，項目**；(同種の中の)～個；(短い)記事
171 **income** [ínkʌ̀m] インカム				名 **収入**；所得
172 **attitude** [ǽtətjùːd] アティテュード				名 **態度**；考え方，心構え
173 **site** [saɪt] サイト				名 **用地，場所**；跡地；(ウェブ)サイト 動 (ある場所に)置かれる，位置する
174 **aspect** [ǽspèkt] アスペクト				名 **(物事の)側面**；観点；様相
175 **structure** [strʌ́ktʃər] ストゥラクチャ				名 **構造**；体系；構造物 動 を組織立てる，体系化する
176 **habit** [hǽbɪt] ハビット				名 **習慣，癖**
177 **link** [lɪŋk] リンク				名 **関連，つながり**；(2地点を結ぶ)交通手段；リンク 動 を結び付ける，関連させる
178 **instance** [ínstəns] インスタンス				名 **(具体的な)例，実例**；(特定の)場合
179 **positive** [pá(ː)zət̬ɪv] パ(ー)ズィティヴ				形 **肯定的な**；積極的な；確信して；(検査結果が)陽性の
180 **negative** [négət̬ɪv] ネガティヴ				形 **否定的な**；消極的な；(検査結果が)陰性の 名 否定的な言葉[答え・態度]

② 記憶から引き出す

意味	ID	単語を書こう
名 品目, 項目	170	
形 肯定的な	179	
名 影響	161	
名 地域	164	
名 収入	171	
名 方法	162	
名 構造	175	
名 資源	163	
名 詳細(な情報), 細部	166	
形 否定的な	180	

意味	ID	単語を書こう
名 利用, 入手	169	
名 薬	165	
名 関連, つながり	177	
名 態度	172	
名 (具体的な)例, 実例	178	
名 習慣, 癖	176	
名 用地, 場所	173	
名 機能	168	
名 特徴	167	
名 (物事の)側面	174	

③ Drill 8 の復習テスト

✔	単語 なぞって書く	ID	意味を書こう
	stress	154	
	economy	145	
	opportunity	141	
	phrase	159	
	range	156	
	cell	151	
	task	142	
	policy	146	
	image	152	
	figure	150	

✔	単語 なぞって書く	ID	意味を書こう
	damage	160	
	industry	143	
	character	157	
	model	149	
	trade	148	
	account	147	
	advantage	158	
	decade	155	
	medium	144	
	emotion	153	

忘れていた単語は, p.30 の My Word List へ **GO▶**

1 書いて記憶 [単語番号：181 ～ 200]

学習日：　　月　　日

単語	1回目 意味を確認して単語を書く	2回目 発音しながら単語を書く	3回目 意味に合う単語を書く	意味
181 **complex** [発] [kà(:)mpléks] カ(ー)ンプ**れッ**クス				[形] **複雑な**；複合(体)の [名] [アク別] 複合体[施設]，団地；コンプレックス
182 **current** [アク] [kə́ːrənt] **カ**～レント				[形] **現在の**；現代の；通用している [名] 流れ；風潮；電流
183 **mental** [méntəl] **メ**ントゥる				[形] **精神の**；知能の；頭の中で行う
184 **specific** [アク] [spəsífɪk] スペ**スィ**ふィック				[形] **特定の**；明確な，具体的な；特有の [名] 〔通例～s〕詳細，細部
185 **significant** [アク] [sɪgnífɪkənt] スィグ**ニ**ふィカント				[形] **重要な，重大な**；意義深い
186 **essential** [アク] [ɪsénʃəl] イ**セ**ンシャる				[形] **必要不可欠な**；本質的な [名] 〔通例～s〕本質的要素；必須事項
187 **official** [アク] [əfíʃəl] オ**ふィ**シャる				[形] **公用の**；公式の；役所の [名] 公務員；役員，職員
188 **financial** [発] [fənǽnʃəl] ふィ**ナ**ンシャる				[形] **財政(上)の**；財界の
189 **academic** [アク] [ækədémɪk] アカ**デ**ミック				[形] **学問の**；大学の [名] 大学教員，学者；大学生
190 **aware** [əwéər] アウ**ェ**ア				[形] **気づいて，知って**
191 **worth** [発] [wəːrθ] **ワ**～す				[形] に**値する**；の価値がある [名] 価値；(～の)相当のもの(of)
192 **potential** [pəténʃəl] ポ**テ**ンシャる				[形] **潜在的な**；可能性を秘めた [名] 潜在(能)力，可能性
193 **active** [ǽktɪv] **ア**クティヴ				[形] **積極的な**；活動的な；効力のある
194 **digital** [dídʒətəl] **ディ**ヂトゥる				[形] **デジタル方式の**；デジタル[数字]表示の
195 **mobile** [発] [móubəl] **モ**ウビる				[形] **可動[移動]式の**；流動性のある [名] [主に英] 携帯電話
196 **novel** [発] [ná(:)vəl] **ナ**(ー)ヴェる				[形] **斬新な，目新しい** [名] 小説
197 **plastic** [plǽstɪk] プ**ら**スティック				[形] **柔軟な**；プラスチックの，ビニールの [名] プラスチック(製品)
198 **chemical** [発] [kémɪkəl] **ケ**ミカる				[形] **化学の，化学的な** [名] 化学薬品[製品]；薬物，麻薬
199 **necessary** [アク] [nésəsèri] **ネ**セセリィ				[形] **必要な** [名] 〔～saries〕必要品；生活必需品
200 **eventually** [ɪvéntʃuəli] イ**ヴェ**ンチュアリィ				[副] **結局(は)**

2 記憶から引き出す

意味	ID	単語を書こう	意味	ID	単語を書こう
形 柔軟な	197		形 可動[移動]式の	195	
形 潜在的な	192		形 重要な，重大な	185	
形 必要不可欠な	186		形 財政(上)の	188	
形 デジタル方式の	194		形 に値する	191	
形 学問の	189		形 必要な	199	
形 気づいて，知って	190		形 複雑な	181	
形 精神の	183		形 結局(は)	200	
形 公用の	187		形 特定の	184	
形 斬新な，目新しい	196		形 現在の	182	
形 積極的な	193		形 化学の，化学的な	198	

3 Drill 9 の復習テスト

✔	単語 なぞって書く	ID	意味を書こう	✔	単語 なぞって書く	ID	意味を書こう
	aspect	174			structure	175	
	medicine	165			link	177	
	method	162			negative	180	
	impact	161			income	171	
	item	170			instance	178	
	resource	163			region	164	
	access	169			function	168	
	detail	166			feature	167	
	site	173			attitude	172	
	habit	176			positive	179	

忘れていた単語は，p.30 の My Word List へ **GO▶**

My Word List

~覚えていなかった単語~

Drill **5 ～ 9**

単語	意味

単語	意味

最低「5回」は書いて絶対に覚えよう！

Part 1 Section 3

単語	1回目 意味を確認して単語を書く	2回目 発音しながら単語を書く	3回目 意味に合う単語を書く	意味
201 **identify** [aɪdéntəfàɪ] アイデンティファイ				動 を**特定する**；を同一視する
202 **represent** [rèprɪzént] レプリゼント				動 を**表す**；を代表する；に相当する
203 **indicate** [índɪkèɪt] インディケイト				動 を**指し示す**；を述べる
204 **manage** [mǽnɪdʒ] マネヂ				動 を**なんとか成し遂げる**；を管理する
205 **attend** [əténd] アテンド				動 に**出席する**；(を)世話する；対処[対応]する
206 **maintain** [meɪntéɪn] メインテイン				動 を**維持する**；と主張する；を養う
207 **survey** [sərvéɪ] サヴェイ				動 を**調査する**；をじろじろ見る；を概観する　名 (意識・統計)調査；概観
208 **replace** [rɪpléɪs] リプレイス				動 に**取って代わる**；を取り替える
209 **sort** [sɔːrt] ソート				動 を**分類する**；をえり分ける　名 種類；性質；(データの)整列，ソート
210 **conduct** [kəndʌ́kt] コンダクト				動 (調査・実験など)を**実施する**；を導く　名 行動；遂行
211 **associate** [əsóʊʃièɪt] アソウシエイト				動 を**結び付けて考える**；交際する　名 仲間；提携者　形 準〜，副〜
212 **attempt** [ətémpt] アテン(プ)ト				動 を**試みる，企てる**　名 試み，企て
213 **promote** [prəmóʊt] プロモウト				動 を**促進する**；(通例受身形で)昇進する
214 **earn** [əːrn] ア〜ン				動 を**稼ぐ**；を得る；をもたらす
215 **unite** [junáɪt] ユナイト				動 を**団結させる**；(を)結合する；団結する
216 **feed** [fiːd] ふィード				動 に**食べ物[乳]を与える**；に供給[補給]する；餌を食べる　名 食べ物(を与えること)
217 **seek** [siːk] スィーク				動 を**追い求める**；(助けなど)を要請する
218 **observe** [əbzə́ːrv] オブザ〜ヴ				動 に**気づく**；を観察する；を遵守する
219 **reveal** [rɪvíːl] リヴィーる				動 を**明らかにする**；を見せる
220 **estimate** [éstɪmèɪt] エスティメイト				動 と**推定する**；を見積もる；を評価する　名 見積もり；評価

2 記憶から引き出す

意味	ID	単語を書こう
動 を団結させる	215	
動 に出席する	205	
動 (調査・実験など)を実施する	210	
動 を分類する	209	
動 を調査する	207	
動 と推定する	220	
動 に食べ物 [乳] を与える	216	
動 に気づく	218	
動 に取って代わる	208	
動 をなんとか成し遂げる	204	

意味	ID	単語を書こう
動 を維持する	206	
動 を促進する	213	
動 を追い求める	217	
動 を明らかにする	219	
動 を表す	202	
動 を稼ぐ	214	
動 を試みる, 企てる	212	
動 を指し示す	203	
動 を特定する	201	
動 を結び付けて考える	211	

3 Drill 10の復習テスト

✓	単語 なぞって書く	ID	意味を書こう
	worth	191	
	current	182	
	academic	189	
	eventually	200	
	official	187	
	potential	192	
	aware	190	
	complex	181	
	active	193	
	necessary	199	

✓	単語 なぞって書く	ID	意味を書こう
	chemical	198	
	plastic	197	
	novel	196	
	specific	184	
	mental	183	
	mobile	195	
	essential	186	
	significant	185	
	digital	194	
	financial	188	

忘れていた単語は，p.42 の My Word List へ **GO**

単語	1回目 意味を確認して単語を書く	2回目 発音しながら単語を書く	3回目 意味に合う単語を書く	意味
221 **reflect** [rɪflékt] リふレクト				動 を反映する；(を)反射する；(を)熟考する
222 **attract** [ətrǽkt] アトゥラクト				動 を引きつける
223 **decrease** ㋐[dìːkríːs] ディ(ー)クリース				動 減少する；を減らす 名 [ワ①] 減少，下落
224 **ignore** ㋐[ɪgnɔ́ːr] イグノー				動 を無視する
225 **match** [mætʃ] マッチ				動 (と)合う；に匹敵する；一致する　名 試合；好敵手；よく合う物[人]
226 **define** [dɪfáɪn] ディふァイン				動 を定義する；を明確にする
227 **adapt** [ədǽpt] アダプト				動 適応する；を適合させる
228 **contribute** ㋐[kəntríbjət] コントゥリビュト				動 貢献する，一因となる；(を)寄付する；(を)寄稿する
229 **exchange** ㋐[ɪkstʃéɪndʒ] イクスチェインヂ				動 (を)交換する；両替する 名 交換；やり取り，交流；為替
230 **display** ㋐[dɪspléɪ] ディスプれイ				動 を示す；を発揮する；を展示[陳列]する 名 (感情などの)表れ；展示
231 **respond** [rɪspáː)nd] リスパ(ー)ンド				動 反応する；答える
232 **hide** [haɪd] ハイド				動 を隠す；隠れる
233 **doubt** ㋐[daʊt] ダウト				動 ではないと思う；を疑う 名 疑い
234 **remove** [rɪmúːv] リムーヴ				動 を取り除く；を解雇する
235 **wind** ㋐[waɪnd] ワインド				動 (ねじなど)を巻く；(道などが)曲がりくねる；巻きつく 名 曲がり，うねり；巻くこと
236 **assume** [əsjúːm] アス(ュ)ーム				動 を当然のことと思う，と仮定する；(権力など)を手に入れる
237 **relax** [rɪlǽks] リらックス				動 くつろぐ；緩む；をくつろがせる；を緩める
238 **satisfy** ㋐[sǽtɪsfàɪ] サティスふァイ				動 を満足させる；(条件など)を満たす
239 **desire** [dɪzáɪər] ディザイア				動 を強く望む 名 欲求，願望
240 **succeed** ㋐[səksíːd] サクスィード				動 成功する；継承する

2 記憶から引き出す

意味	ID	単語を書こう
動 を取り除く	234	
動 を引きつける	222	
動 を強く望む	239	
動 を示す	230	
動 を無視する	224	
動 を当然のことと思う，と仮定する	236	
動 を定義する	226	
動 反応する	231	
動 減少する	223	
動 ではないと思う	233	

意味	ID	単語を書こう
動 成功する	240	
動 適応する	227	
動 を隠す	232	
動 を満足させる	238	
動 (ねじなど)を巻く	235	
動 くつろぐ	237	
動 (を)交換する	229	
動 を反映する	221	
動 (と)合う	225	
動 貢献する，一因となる	228	

3 Drill 11の復習テスト

✔	単語 なぞって書く	ID	意味を書こう
	manage	204	
	reveal	219	
	seek	217	
	attend	205	
	indicate	203	
	maintain	206	
	conduct	210	
	represent	202	
	unite	215	
	observe	218	

✔	単語 なぞって書く	ID	意味を書こう
	replace	208	
	estimate	220	
	identify	201	
	promote	213	
	feed	216	
	earn	214	
	attempt	212	
	survey	207	
	associate	211	
	sort	209	

忘れていた単語は，p.42の My Word List へ GO→

単語	1回目 意味を確認して単語を書く	2回目 発音しながら単語を書く	3回目 意味に合う単語を書く	意味
241 **concept** [ká(:)nsèpt] カ(ー)ンセプト				名 概念；考え；(商品・販売の)コンセプト
242 **fashion** [fǽʃən] ふァション				名 流行, ファッション；方法, 流儀
243 **device** [dɪváɪs] ディヴァイス				名 装置, 機器；方策；デバイス
244 **charge** [tʃɑːrdʒ] チャーヂ				名 料金；世話；管理；告発 動 を請求する；を告発する
245 **contrast** [ká(:)ntræst] カ(ー)ントゥラスト				名 対照 動《動》を対比させる；対照をなす
246 **colleague** [ká(:)liːg] カ(ー)リーグ				名 (職場の)同僚
247 **pain** [peɪn] ペイン				名 苦痛, 痛み；苦悩；(~s)骨折り
248 **bill** [bɪl] ビる				名 請求書；園 勘定書；法案 動 に請求書を送る
249 **content** [ká(:)ntent] カ(ー)ンテント				名 内容, 中身；コンテンツ 形《動》満足した 動《動》を満足させる 名《動》満足
250 **section** [sékʃən] セクション				名 部門；部分；地区；欄 動 を区分する；を仕切る
251 **audience** [ɔ́ːdiəns] オーディエンス				名〔集合的に〕聴衆, 観客；視聴者
252 **surface** [sə́ːrfəs] サ〜ふェス				名 表面；(the~)外見 形 外面の, 表面上の；地上の
253 **crop** [krɑ(:)p] クラ(ー)ップ				名〔しばしば~s〕作物；収穫高 動 (髪)を短く刈り込む；を収穫する
254 **topic** [tá(:)pɪk] タ(ー)ピック				名 話題, トピック；主題
255 **technique** [tekníːk] テクニーク				名 技術；技巧；手法
256 **status** [stéɪtəs] ステイタス				名 地位；状態
257 **option** [á(:)pʃən] ア(ー)プション				名 選択(の自由)；選択肢
258 **reward** [rɪwɔ́ːrd] リウォード				名 報酬；報い 動 に報酬を与える, 報いる
259 **race** [reɪs] レイス				名 人種；民族；競争 動 (と)競走[競争]する；疾走する
260 **crime** [kraɪm] クライム				名 罪, 犯罪；違法行為

2 記憶から引き出す

意味	ID	単語を書こう
名 内容, 中身	249	
名 概念	241	
名 選択(の自由)	257	
名 請求書	248	
名 表面	252	
名 流行, ファッション	242	
名 作物	253	
名 料金	244	
名 (職場の)同僚	246	
名 地位	256	

意味	ID	単語を書こう
名 話題, トピック	254	
名 技術	255	
名 報酬	258	
名 聴衆, 観客	251	
名 苦痛, 痛み	247	
名 装置, 機器	243	
名 対照	245	
名 罪, 犯罪	260	
名 人種	259	
名 部門	250	

3 Drill 12の復習テスト

✔	単語 なぞって書く	ID	意味を書こう
	succeed	240	
	ignore	224	
	remove	234	
	adapt	227	
	hide	232	
	exchange	229	
	respond	231	
	match	225	
	attract	222	
	reflect	221	

✔	単語 なぞって書く	ID	意味を書こう
	wind	235	
	desire	239	
	contribute	228	
	assume	236	
	doubt	233	
	relax	237	
	decrease	223	
	satisfy	238	
	display	230	
	define	226	

忘れていた単語は, p.42の My Word List へ GO→

単語	1回目 意味を確認して単語を書く	2回目 発音しながら単語を書く	3回目 意味に合う単語を書く	意味
261 **conflict** [ká(:)nflɪkt] カ(ー)ンふりクト				名 争い；論争；不一致 動 《発音》対立[矛盾]する
262 **struggle** [strʌ́gl] ストゥラグる				名 闘い；懸命の努力 動 奮闘する；もがく
263 **context** [ká(:)ntekst] カ(ー)ンテクスト				名 状況，背景；文脈
264 **debate** [dɪbéɪt] ディベイト				名 討論，論争；討論会 動 (を)討論する，論争する； (を)熟慮する
265 **fuel** [fjúːəl] ふューエる				名 燃料；勢いを増加させる もの 動 に燃料を供給する；をあおる
266 **pollution** [pəlúːʃən] ポるーション				名 汚染，公害
267 **trend** [trend] トゥレンド				名 傾向；流行 動 傾く
268 **balance** [bǽləns] バらンス				名 均衡，バランス；(体の) 平衡；残高 動 を釣り合わせ る，(の)バランスをとる
269 **traffic** [trǽfɪk] トゥラふィック				名 交通；通行；交通[輸送] 量；(不正)取引 動 (を)(不 正に)売買[取引]する
270 **strategy** [strǽtədʒi] ストゥラテディ				名 戦略
271 **basis** [béɪsɪs] ベイスィス				名 基礎；根拠；基準
272 **consequence** [ká(:)nsəkwens] カ(ー)ンスィクウェンス				名 (通例~s)結果；重大性
273 **aim** [eɪm] エイム				名 目的，目標；狙い 動 を向ける；目標とする
274 **ancestor** [ǽnsèstər] アンセスタァ				名 祖先；原型
275 **gene** [dʒiːn] ヂーン				名 遺伝子
276 **track** [træk] トゥラック				名 跡；軌道；圏(鉄道の)番 線；走路 動 の(足)跡を追う；をたどる
277 **revolution** [rèvəlúːʃən] レヴォるーション				名 革命；回転；(天体の)公 転
278 **progress** [prá(:)grəs] プラ(ー)グレス				名 進歩；前進 動 《発音》進歩する；前進する
279 **cognitive** [ká(:)gnətɪv] カ(ー)グニティヴ				形 認知の
280 **ideal** [aɪdíːəl] アイディー(ア)る				形 理想的な；観念的な 名 理想

2 記憶から引き出す

意味	ID	単語を書こう
名 闘い	262	
名 争い	261	
名 革命	277	
名 均衡，バランス	268	
名 遺伝子	275	
名 傾向	267	
形 理想的な	280	
名 跡	276	
名 汚染，公害	266	
名 基礎	271	

意味	ID	単語を書こう
名 討論，論争	264	
形 認知の	279	
名 結果	272	
名 戦略	270	
名 燃料	265	
名 交通	269	
名 祖先	274	
名 目的，目標	273	
名 状況，背景	263	
名 進歩	278	

3 Drill 13の復習テスト

✔	単語 なぞって書く	ID	意味を書こう
	technique	255	
	crime	260	
	option	257	
	contrast	245	
	fashion	242	
	crop	253	
	concept	241	
	device	243	
	colleague	246	
	section	250	

✔	単語 なぞって書く	ID	意味を書こう
	charge	244	
	topic	254	
	content	249	
	bill	248	
	reward	258	
	audience	251	
	race	259	
	surface	252	
	status	256	
	pain	247	

忘れていた単語は，p.42の My Word List へ GO▶

単語	1回目 意味を確認して単語を書く	2回目 発音しながら単語を書く	3回目 意味に合う単語を書く	意味
281 **efficient** ㋐[ɪfíʃənt] イ**ふぃ**シェント				形 **効率的な**：有能な
282 **universal** [jùːnɪvə́ːrsəl] ユーニ**ヴァ**〜さる				形 **普遍的な**：宇宙の；万能の 名 普遍的特性[行動様式]
283 **vast** [vǽst] **ヴァ**スト				形 **莫大[ばくだい]な**：広大な
284 **extra** ㋐[ékstrə] **エ**クストゥラ				形 **追加の，余分の**：別勘定の 副 特別に；余分に 名 余分；割増料金
285 **entire** [ɪntáɪər] イン**タ**イア				形 **全体の，全部の**：完全な
286 **familiar** ㋐[fəmíljər] ふァ**ミ**リャ				形 **精通している**：よく知られている
287 **obvious** ㋐[á(ː)bviəs] **ア**(ー)ブヴィアス				形 **明らかな**
288 **moral** [mɔ́(ː)rəl] **モ**(ー)らる				形 **道徳(上)の，倫理的な**：道徳的な 名 (〜s)道徳，倫理，素行；教訓
289 **ordinary** ㋐[ɔ́ːrdənèri] **オー**ディネリィ				形 **一般の，普通の**：並の
290 **equal** ㋐㋐[íːkwəl] **イー**クワる				形 **等しい**：匹敵する；平等な 名 同等の人[もの]，匹敵する人[もの] 動 に等しい
291 **previous** ㋐[príːviəs] **プリー**ヴィアス				形 **以前の，前の**
292 **false** [fɔ́ːls] **ふォー**るス				形 **間違った**：虚偽の；偽[にせ]の
293 **rare** [réər] **レ**ア				形 **まれな，珍しい**：希少な
294 **legal** ㋐[líːgəl] **リー**ガる				形 **法律の**：合法の
295 **independent** ㋐[ìndɪpéndənt] インディ**ペ**ンデント				形 **独立した**
296 **extreme** [ɪkstríːm] イクストゥ**リー**ム				形 **極端な**：極度の，過激な 名 極端；極度；極端な手段
297 **actual** [ǽktʃuəl] **ア**クチュアる				形 **実際の，現実の**
298 **willing** [wílɪŋ] **ウィ**リング				形 **いとわない，かまわないと思う**
299 **urban** [ɔ́ːrbən] **ア**〜バン				形 **都市の**：都会的な
300 **whereas** ㋐[hwèəréz] (フ)ウェア**ラ**ズ				接 **〜するのに(対し)，〜する一方**

2 記憶から引き出す

意味	ID	単語を書こう
接 〜するのに（対し），〜する一方	300	
形 独立した	295	
形 全体の，全部の	285	
形 まれな，珍しい	293	
形 いとわない，かまわないと思う	298	
形 極端な	296	
形 効率的な	281	
形 一般の，普通の	289	
形 間違った	292	
形 法律の	294	

意味	ID	単語を書こう
形 以前の，前の	291	
形 追加の，余分の	284	
形 都市の	299	
形 普遍的な	282	
形 精通している	286	
形 等しい	290	
形 道徳（上）の，倫理的な	288	
形 実際の，現実の	297	
形 莫大な	283	
形 明らかな	287	

3 Drill 14の復習テスト

✓	単語 なぞって書く	ID	意味を書こう
	ideal	280	
	gene	275	
	fuel	265	
	struggle	262	
	basis	271	
	balance	268	
	progress	278	
	track	276	
	ancestor	274	
	trend	267	

✓	単語 なぞって書く	ID	意味を書こう
	aim	273	
	consequence	272	
	revolution	277	
	context	263	
	strategy	270	
	debate	264	
	traffic	269	
	cognitive	279	
	conflict	261	
	pollution	266	

忘れていた単語は，p.42の My Word List へ GO▶

My Word List   Drill 10 ～ 14
～覚えていなかった単語～

単語	意味

単語	意味

単語	意味

最低「5回」は書いて絶対に覚えよう！

Part 1 Section 4

1 書いて記憶 [単語番号：301 ～ 320]

学習日：　　月　　日

単語	1回目 意味を確認して単語を書く	2回目 発音しながら単語を書く	3回目 意味に合う単語を書く	意味
301 **predict** [アク] [prɪdíkt] プリディクト				[動] を予言[予測]する
302 **examine** [発] [ɪɡzǽmɪn] イグザミン				[動] を調べる；を診察する；を尋問する
303 **trust** [trʌst] トゥラスト				[動] を信頼する；を(信頼して)託す [名] 信頼，信用；委託，管理；トラスト
304 **stick** [stɪk] スティック				[動] を動けなくする；を突き刺す；くっつく [名] 棒；棒状のもの；ステッキ，つえ
305 **emerge** [アク] [ɪmə́ːrdʒ] イマ～ヂ				[動] 現れる；明らかになる；台頭する
306 **vary** [発] [véəri] ヴェ(ア)リィ				[動] さまざまである；変わる；を変える
307 **release** [rɪlíːs] リリース				[動] を放出する；を解放する；を発表する [名] 放出；解放；発表
308 **divide** [dɪváɪd] ディヴァイド				[動] を分ける；分かれる
309 **enable** [発] [アク] [ɪnéɪbl] イネイブる				[動] (人)が…できるようにする；を可能にする
310 **judge** [発] [dʒʌdʒ] ヂャッヂ				[動] (を)判断する；に判決を下す [名] 裁判官；審査員
311 **rely** [発] [アク] [rɪláɪ] リらイ				[動] 頼る
312 **engage** [ɪnɡéɪdʒ] インゲイヂ				[動] を従事させる；を雇う；従事する
313 **shift** [ʃɪft] シふト				[動] を変える，移す；変わる；移動する [名] 変化；移動；(交替制の)勤務時間
314 **adopt** [ədá(ː)pt] アダ(ー)プト				[動] を採用する；(態度など)をとる；を養子にする
315 **acquire** [発] [əkwáɪər] アクワイア				[動] を得る；を習得する
316 **expand** [ɪkspǽnd] イクスパンド				[動] (を)拡大する；(を)詳説する
317 **refuse** [rɪfjúːz] リふューズ				[動] を拒む；を断る；拒絶する [名] [発別] 廃棄物，くず
318 **strike** [straɪk] ストゥライク				[動] の心を打つ；を襲う；を打つ；(に)ぶつかる [名] ストライキ；殴打
319 **repeat** [アク] [rɪpíːt] リピート				[動] (を)繰り返す；を復唱する [名] 繰り返し，反復；再現；再放送
320 **consume** [kənsjúːm] コンス(ュ)ーム				[動] を消費する；を食べる，飲む

② 記憶から引き出す

意味	ID	単語を書こう
動 (人) が…できるようにする	309	
動 (を)判断する	310	
動 を分ける	308	
動 を信頼する	303	
動 を動けなくする	304	
動 を放出する	307	
動 を採用する	314	
動 の心を打つ	318	
動 を予言[予測]する	301	
動 (を)拡大する	316	

意味	ID	単語を書こう
動 さまざまである	306	
動 を調べる	302	
動 (を)繰り返す	319	
動 を得る	315	
動 現れる	305	
動 を変える，移す	313	
動 頼る	311	
動 を消費する	320	
動 を従事させる	312	
動 を拒む	317	

③ Drill 15の復習テスト

✔	単語 なぞって書く	ID	意味を書こう
	vast	283	
	previous	291	
	extreme	296	
	legal	294	
	obvious	287	
	efficient	281	
	independent	295	
	willing	298	
	whereas	300	
	universal	282	

✔	単語 なぞって書く	ID	意味を書こう
	extra	284	
	familiar	286	
	rare	293	
	actual	297	
	moral	288	
	false	292	
	ordinary	289	
	urban	299	
	entire	285	
	equal	290	

忘れていた単語は，p.54 の My Word List へ **GO**

Drill 17 **1 書いて記憶** [単語番号：321 ～ 340]

学習日：　　月　　日

単語	1回目 意味を確認して単語を書く	2回目 発音しながら単語を書く	3回目 意味に合う単語を書く	意味
321 **confuse** [kənfjúːz] コンふューズ				[動] を混同する；を当惑させる
322 **select** [səlékt] セれクト				[動] を選ぶ，えり抜く [形] 選抜された；えり抜きの
323 **evolve** [ɪvá(ː)lv] イヴァ(ー)るヴ				[動] (徐々に)発展する；進化する
324 **convince** [アク] [kənvíns] コンヴィンス				[動] を納得[確信]させる
325 **recall** [アク] [rɪkɔ́ːl] リコーる				[動] を思い出す；を呼び戻す [名] 記憶(力)；想起；召還；リコール
326 **destroy** [アク] [dɪstrɔ́ɪ] ディストゥロイ				[動] を破壊する；(人)を破滅させる
327 **preserve** [発] [アク] [prɪzə́ːrv] プリザ～ヴ				[動] を保存する；を保持する；を保護する [名] ジャム；自然保護区
328 **organize** [ɔ́ːrgənàɪz] オーガナイズ				[動] を準備する；を組織する
329 **warn** [発] [wɔːrn] ウォーン				[動] (人)に警告[注意]する
330 **address** [ədrés] アドゥレス				[動] (問題など)に対処する；に演説する；(手紙など)を出す [名] 住所；演説
331 **operate** [アク] [á(ː)pərèɪt] ア(ー)ペレイト				[動] を操作する；機能する；手術する
332 **participate** [発] [アク] [pɑːrtísɪpèɪt] パーティスィペイト				[動] 参加する
333 **surround** [səráund] サラウンド				[動] を取り巻く；にまつわる [名] 囲い；〔通例～s〕周辺
334 **flow** [flou] ふろウ				[動] 流れる；生じる [名] 流れ，循環；よどみない動き
335 **bore** [bɔːr] ボー				[動] (人)を退屈させる，うんざりさせる [名] 退屈な人；面倒なこと
336 **complain** [kəmpléɪn] コンプれイン				[動] (と)不平[苦情]を言う；訴える
337 **host** [発] [houst] ホウスト				[動] を主催する；のホスト役を務める [名] 主人(役)；(行事などの)主催者
338 **combine** [kəmbáɪn] コンバイン				[動] を結び付ける；結び付く
339 **extend** [ɪksténd] イクステンド				[動] を伸[延]ばす；伸びる；及ぶ
340 **appreciate** [発] [アク] [əpríːʃièɪt] アプリーシエイト				[動] を正当に評価する；を鑑賞する；を感謝する

2 記憶から引き出す

意味	ID	単語を書こう
動 を取り巻く	333	
動 を操作する	331	
動 参加する	332	
動 を準備する	328	
動 (問題など)に対処する	330	
動 を選ぶ，えり抜く	322	
動 を破壊する	326	
動 を思い出す	325	
動 を伸[延]ばす	339	
動 流れる	334	

意味	ID	単語を書こう
動 を主催する	337	
動 を納得[確信]させる	324	
動 を混同する	321	
動 を結び付ける	338	
動 を正当に評価する	340	
動 を保存する	327	
動 (人)に警告[注意]する	329	
動 (人)を退屈させる，うんざりさせる	335	
動 (徐々に)発展する	323	
動 (と)不平[苦情]を言う	336	

3 Drill 16 の復習テスト

✓	単語 なぞって書く	ID	意味を書こう
	engage	312	
	trust	303	
	examine	302	
	divide	308	
	vary	306	
	refuse	317	
	acquire	315	
	release	307	
	expand	316	
	predict	301	

✓	単語 なぞって書く	ID	意味を書こう
	judge	310	
	stick	304	
	emerge	305	
	shift	313	
	strike	318	
	repeat	319	
	rely	311	
	consume	320	
	adopt	314	
	enable	309	

忘れていた単語は，p.54 の My Word List へ **GO▶**

1 書いて記憶 [単語番号：341 ～ 360]

学習日：　　月　　日

単語	1回目 意味を確認して単語を書く	2回目 発音しながら単語を書く	3回目 意味に合う単語を書く	意味
341 **target** [tá:rgət] ターゲット				[名] (到達・攻撃)目標；的[まと] [動] を目標[対象]とする
342 **element** [élɪmənt] エれメント				[名] 要素，成分；元素；〔an ～ of で〕少しの
343 **principle** [prínsəpəl] プリンスィプる				[名] 原則，原理；主義，信条
344 **phenomenon** [発] [ア] [fənɑ́(:)mənɑ̀(:)n] ふェナ(ー)メナ(ー)ン				[名] 現象
345 **atmosphere** [ア] [ǽtməsfìər] アトゥモスふィア				[名] 〔the ～〕大気；雰囲気
346 **origin** [ア] [ɔ́(:)rɪdʒɪn] オ(ー)リヂン				[名] 起源；源
347 **personality** [ア] [pə̀:rsənǽləti] パ～ソナリティ				[名] 個性，性格
348 **capacity** [ア] [kəpǽsəti] カパスィティ				[名] (最大)容量，収容能力；(潜在)能力
349 **profit** [prɑ́(:)fət] プラ(ー)ふィット				[名] 利益；収益(率)；得 [動] 利益を得る；のため[益]になる
350 **circumstance** [ア] [sə́:rkəmstæ̀ns] サ～カムスタンス				[名] 〔通例～s〕状況，事情；境遇

単語	1回目	2回目	3回目	意味
351 **manner** [mǽnər] マナァ				[名] 〔～s〕作法；方法；物腰
352 **threat** [発] [θret] すレット				[名] 脅威；(悪い)兆し；脅迫
353 **resident** [rézɪdənt] レズィデント				[名] 居住者；滞在者 [形] 住んでいる；住み込みの
354 **wealth** [発] [welθ] ウェるす				[名] 富；資源；富裕
355 **institution** [ìnstɪtjú:ʃən] インスティテューション				[名] 機関；協会；施設；制度
356 **authority** [ア] [ə:θɔ́:rəti] オーそーリティ				[名] 〔通例 the ～ties〕(関係)当局；権威；権限
357 **vote** [vout] ヴォウト				[名] 投票；投票結果；〔the ～〕選挙権 [動] 投票する；を投票で決める
358 **sight** [発] [saɪt] サイト				[名] 光景；〔the ～s〕名所；見(え)ること；視野；視力
359 **campaign** [発] [kæmpéɪn] キャンペイン				[名] 運動；軍事行動 [動] (社会的・政治的な)運動をする
360 **fund** [fʌnd] ふァンド				[名] 〔しばしば～s〕基金，資金 [動] に資金を提供する

② 記憶から引き出す

意味	ID	単語を書こう
名 居住者	353	
名 大気	345	
名 投票	357	
名 作法	351	
名 光景	358	
名 運動	359	
名 原則, 原理	343	
名 利益	349	
名 (最大)容量, 収容能力	348	
名 個性, 性格	347	

意味	ID	単語を書こう
名 状況, 事情	350	
名 現象	344	
名 脅威	352	
名 基金, 資金	360	
名 機関	355	
名 (関係)当局	356	
名 (到達・攻撃)目標	341	
名 起源	346	
名 要素, 成分	342	
名 富	354	

③ Drill **17** の復習テスト

✔	単語 なぞって書く	ID	意味を書こう
	organize	328	
	address	330	
	operate	331	
	confuse	321	
	preserve	327	
	appreciate	340	
	complain	336	
	evolve	323	
	convince	324	
	destroy	326	

✔	単語 なぞって書く	ID	意味を書こう
	select	322	
	host	337	
	participate	332	
	recall	325	
	surround	333	
	extend	339	
	flow	334	
	warn	329	
	combine	338	
	bore	335	

忘れていた単語は，p.54 の My Word List へ GO▶

単語	1回目 意味を確認して単語を書く	2回目 発音しながら単語を書く	3回目 意味に合う単語を書く	意味
361 **web** [web] ウェッブ				名 [the W-] ウェブ；(クモの)巣 (に) 巣を張る；をクモの巣状におおう
362 **symbol** [símbəl] スィンボる				名 象徴，シンボル；記号；標章
363 **analysis** [ənǽləsis] アナリスィス				名 分析(結果)
364 **version** [və́:rʒən] ヴァ～ジョン				名 (本・製品などの)版；解釈
365 **perspective** [pərspéktiv] パスペクティヴ				名 観点，見方；大局観；遠近法
366 **crisis** [kráisis] クライスィス				名 危機
367 **disaster** [dizǽstər] ディザスタァ				名 災害；惨事
368 **lecture** [léktʃər] れクチャ				名 講義，講演；説教 動 (に)講演[講義]する；に説教する
369 **psychology** [saiká(:)lədʒi] サイカ(一)ろヂィ				名 心理学；心理(状態)
370 **gender** [dʒéndər] ヂェンダァ				名 (社会的・文化的)性，性別
371 **custom** [kʌ́stəm] カスタム				名 (社会的な) 慣習；[~s]税関；[~s]関税
372 **court** [kɔ:rt] コート				名 裁判所，法廷；裁判；宮廷；中庭
373 **desert** [dézərt] デザト				名 砂漠；不毛の地 形 人の住まない；不毛の 動 を(見)捨てる
374 **soil** [sɔil] ソイる				名 土地，土壌；(悪事などの)温床 動 を汚す；(名誉など)を傷つける
375 **agriculture** [ǽɡrikʌ̀ltʃər] アグリカるチャ				名 農業；農学，畜産
376 **fossil** [fá(:)səl] ふァ(一)スィる				名 化石；時代遅れの人[物] 形 化石の
377 **document** [dá(:)kjumənt] ダ(一)キュメント				名 (公)文書，書類；記録，資料 動 を記録する；を(証拠書類で)立証する
378 **vocabulary** [voukǽbjulèri] ヴォウキャビュれリィ				名 語彙
379 **intelligent** [intélidʒənt] インテリヂェント				形 聡明な；知能を有する
380 **conscious** [ká(:)nʃəs] カ(一)ンシャス				形 意識して，気づいて

2 記憶から引き出す

意味	ID	単語を書こう		意味	ID	単語を書こう
名 裁判所，法廷	372			形 聡明な	379	
名 象徴，シンボル	362			名 分析(結果)	363	
名 化石	376			名 (社会的・文化的)性，性別	370	
名 語彙	378			名 土地，土壌	374	
名 危機	366			名 農業	375	
名 心理学	369			名 (社会的な)慣習	371	
名 砂漠	373			名 観点，見方	365	
名 (公)文書，書類	377			名 (本・製品などの)版	364	
形 意識して，気づいて	380			名 講義，講演	368	
名 災害	367			名 ウェブ	361	

3 Drill 18の復習テスト

✓	単語 なぞって書く	ID	意味を書こう		✓	単語 なぞって書く	ID	意味を書こう
	element	342				target	341	
	atmosphere	345				authority	356	
	origin	346				campaign	359	
	principle	343				phenomenon	344	
	capacity	348				fund	360	
	institution	355				profit	349	
	personality	347				wealth	354	
	threat	352				circumstance	350	
	vote	357				sight	358	
	manner	351				resident	353	

忘れていた単語は，p.54 の My Word List へ **Go**

Drill 20 ## 1 書いて記憶 [単語番号：381 ～ 400]

学習日：　　月　　日

単語	1回目 意味を確認して単語を書く	2回目 発音しながら単語を書く	3回目 意味に合う単語を書く	意味
381 **capable** [発] [kéɪpəbl] ケイパブる				[形] 能力がある；有能な
382 **accurate** [発] [アク] [ǽkjərət] アキュレット				[形] 正確な；精密な
383 **fundamental** [発] [fʌ̀ndəméntəl] ふァンダメントゥる				[形] 基本的な；必須の [名] 〔通例～s〕基本，原理
384 **artificial** [アク] [ɑ̀:rtɪfíʃəl] アーティふィシャる				[形] 人工の；不自然な
385 **firm** [fə:rm] ふァ～ム				[形] 確固たる；堅固な；安定した [名] 商社；会社
386 **overall** [アク] [òʊvərɔ́:l] オウヴァロ－る				[形] 総合的な；全体的な [副] 〔文修飾〕全体的に言えば；全体で
387 **rural** [rʊ́ərəl] ル(ア)ラる				[形] 田舎の，田園の
388 **military** [míləteri] ミりテリィ				[形] 軍の，軍事(用)の [名] 〔the ～〕軍；陸軍；軍人
389 **nuclear** [発] [njú:kliər] ニュークりア				[形] 核の，原子力の
390 **biological** [bàɪəlɑ́(:)dʒɪkəl] バイオら(ー)ヂカる				[形] 生物学(上)の
391 **constant** [アク] [kɑ́(:)nstənt] カ(ー)ンスタント				[形] 絶え間ない；一定の
392 **severe** [発] [sɪvíər] スィヴィア				[形] (人・規律・事態・天気などが) 厳しい；猛烈な
393 **visual** [アク] [víʒuəl] ヴィジュアる				[形] 視覚の；目に見える
394 **enormous** [アク] [ɪnɔ́:rməs] イノーマス				[形] 莫大[ばくだい]な，巨大な
395 **convenient** [発] [アク] [kənví:niənt] コンヴィーニエント				[形] 便利な，都合のいい
396 **domestic** [dəméstɪk] ドメスティック				[形] 家庭の；国内の；(動物が)飼いならされた
397 **mass** [mæs] マス				[形] 大規模な，大量の；大衆(向け)の [名] (大きな)かたまり；大量；一般大衆
398 **typical** [発] [típɪkəl] ティピカる				[形] 典型的な；特有の
399 **overseas** [òʊvərsí:z] オウヴァスィーズ				[副] 海外へ[に，で] [形] 海外の，海外への[からの]
400 **nevertheless** [アク] [nèvərðəlés] ネヴァざれス				[副] それにもかかわらず

②記憶から引き出す

意味	ID	単語を書こう		意味	ID	単語を書こう
形 正確な	382			形 莫大な, 巨大な	394	
形 家庭の	396			形 能力がある	381	
形 確固たる	385			形 基本的な	383	
形 核の, 原子力の	389			形 軍の, 軍事(用)の	388	
形 生物学(上)の	390			形 人工の	384	
形 視覚の	393			形 典型的な	398	
形 大規模な, 大量の	397			形 便利な, 都合のいい	395	
副 それにもかかわらず	400			形 (人・規律・事態・天気などが) 厳しい	392	
形 田舎の, 田園の	387			副 海外へ[に, で]	399	
形 総合的な	386			形 絶え間ない	391	

③ Drill 19 の復習テスト

✓	単語 なぞって書く	ID	意味を書こう	✓	単語 なぞって書く	ID	意味を書こう
	vocabulary	378			disaster	367	
	crisis	366			desert	373	
	document	377			psychology	369	
	lecture	368			intelligent	379	
	custom	371			perspective	365	
	analysis	363			fossil	376	
	web	361			court	372	
	symbol	362			gender	370	
	agriculture	375			version	364	
	conscious	380			soil	374	

忘れていた単語は, p.54 の My Word List へ **Go**

My Word List   Drill 15 〜 19

〜覚えていなかった単語〜

単語	意味

単語	意味

最低「5回」は書いて絶対に覚えよう！

Part 1 Section 5

Drill 21 **[1] 書いて記憶** [単語番号：401 ～ 420]

学習日：　　月　　日

単語	1回目 意味を確認して単語を書く	2回目 発音しながら単語を書く	3回目 意味に合う単語を書く	意味
401 **demonstrate** [ア] [démənstrèɪt] デモンストゥレイト				[動] を**論証 [証明] する**；デモをする
402 **behave** [発] [bɪhéɪv] ビヘイヴ				[動] **振る舞う**；作動する
403 **educate** [ア] [édʒəkèɪt] エヂュケイト				[動] を**教育する**；に教える；(能力など)を養う
404 **purchase** [発] [ア] [pə́ːrtʃəs] パ～チェス				[動] を**購入する** [名] 購入；購入物
405 **recommend** [ア] [rèkəménd] レコメンド				[動] を**勧める**
406 **admit** [ədmít] アドミット				[動] (を)**(しぶしぶ)認める**；に入場[入学など]を認める
407 **generate** [dʒénərèɪt] ヂェネレイト				[動] を**生み出す**；(電気など)を発生させる
408 **explore** [ɪksplɔ́ːr] イクスプろー				[動] (を)**調査 [探究] する**；(を)探検[探査]する
409 **amaze** [əméɪz] アメイズ				[動] を**びっくりさせる**
410 **tear** [発] [teər] テア				[動] を**引き裂く**；裂ける [名] 裂く [裂ける] こと；裂け目；[発別] 涙
411 **settle** [sétl] セトゥる				[動] を**解決する**；(に)移り住む；を落ち着かせる
412 **afford** [əfɔ́ːrd] アふォード				[動] を**持つ[する]余裕がある**；を与える
413 **conclude** [kənklúːd] コンクるード				[動] と**結論づける**；を締めくくる；を締結する
414 **advertise** [ア] [ǽdvərtàɪz] アドヴァタイズ				[動] を**宣伝する**；広告を出す
415 **encounter** [ア] [ɪnkáuntər] インカウンタァ				[動] に**遭遇する**；に(思いがけず)出会う [名] 遭遇，(偶然の)出会い
416 **remind** [rɪmáɪnd] リマインド				[動] に**思い出させる**
417 **locate** [ア] [lóukeɪt] ろウケイト				[動] (受身形で) **位置する**；の位置を探し当てる
418 **aid** [eɪd] エイド				[動] を**援助する，助ける** [名] 援助；助手；補助器具
419 **bite** [baɪt] バイト				[動] (を)**かむ**，(に)**かみつく**；(を)刺す [名] かむ[刺す]こと；かみ[刺し]傷；一口
420 **deliver** [dɪlívər] ディリヴァ				[動] を**配達する**；(演説・講義)をする；子を産む

② 記憶から引き出す

意味	ID	単語を書こう
動 に遭遇する	415	
動 を教育する	403	
動 (を)かむ, (に)かみつく	419	
動 を配達する	420	
動 を解決する	411	
動 位置する	417	
動 に思い出させる	416	
動 を宣伝する	414	
動 (を)調査[探究]する	408	
動 を持つ[する]余裕がある	412	

意味	ID	単語を書こう
動 (を)(しぶしぶ)認める	406	
動 と結論づける	413	
動 を生み出す	407	
動 を引き裂く	410	
動 を購入する	404	
動 を論証[証明]する	401	
動 を勧める	405	
動 を援助する, 助ける	418	
動 振る舞う	402	
動 をびっくりさせる	409	

③ Drill 20の復習テスト

✓	単語 なぞって書く	ID	意味を書こう
	severe	392	
	constant	391	
	biological	390	
	enormous	394	
	fundamental	383	
	rural	387	
	domestic	396	
	overall	386	
	artificial	384	
	convenient	395	

✓	単語 なぞって書く	ID	意味を書こう
	typical	398	
	nevertheless	400	
	capable	381	
	nuclear	389	
	military	388	
	accurate	382	
	mass	397	
	overseas	399	
	firm	385	
	visual	393	

忘れていた単語は, p.66 の My Word List へ Go

単語	1回目 意味を確認して単語を書く	2回目 発音しながら単語を書く	3回目 意味に合う単語を書く	意味
421 **perceive** [pərsíːv] パスィーヴ				動 に**気づく**；を知覚する；を理解する
422 **distinguish** [distíŋgwiʃ] ディスティングウィッシ				動 を**区別する**
423 **imply** [implái] インプらイ				動 を**暗に意味する**；を必然的に伴う
424 **handle** [hǽndl] ハンドゥる				動 を**処理する，扱う**；を論じる；を商う　名 取っ手；ハンドルネーム；糸口，手がかり
425 **praise** [preiz] プレイズ				動 を**賞賛する**；賛美する　名 賞賛；賛美
426 **appeal** [əpíːl] アピーる				動 **訴える**；抗議する；(上級審に)上訴する　名 訴え，懇願；上訴
427 **insist** [insíst] インスィスト				動 (を)**強く主張する**；要求する
428 **compete** [kəmpíːt] コンピート				動 **競う**；(通例否定文で)匹敵する
429 **rank** [ræŋk] ランク				動 を**位置づける，評価する**；(ある地位に)位置する　名 階級；地位；格；列
430 **deny** [dinái] ディナイ				動 を**否定する**；を拒む

431 **reject** [ridʒékt] リヂェクト				動 を**拒否する**
432 **intend** [inténd] インテンド				動 を**意図する**
433 **expose** [ikspóuz] イクスポウズ				動 を**さらす**；を暴露する；を露出する
434 **favor** [féivər] フェイヴァ				動 に**賛成する**；を好む；をひいきする　名 親切な行為；好意；支持
435 **inspire** [inspáiər] インスパイア				動 (人)を**奮起させる**；を喚起する
436 **propose** [prəpóuz] プロポウズ				動 を**提案する**；をもくろむ；結婚を申し込む
437 **spell** [spel] スペる				動 (語)を**つづる**；という語になる　名 呪文；(ある天候の続く)期間；発作
438 **breathe** [briːð] ブリーず				動 **呼吸する**；を吸う
439 **repair** [ripéər] リペア				動 を**修理する**；を修復する　名 修理；(健康などの)回復
440 **consist** [kənsíst] コンスィスト				動 **成る**；ある

2 記憶から引き出す

意味	ID	単語を書こう
動 を暗に意味する	423	
動 成る	440	
動 を処理する，扱う	424	
動 に賛成する	434	
動 訴える	426	
動 (人)を奮起させる	435	
動 を区別する	422	
動 を修理する	439	
動 を拒否する	431	
動 を意図する	432	

意味	ID	単語を書こう
動 を提案する	436	
動 (を)強く主張する	427	
動 を否定する	430	
動 (語)をつづる	437	
動 呼吸する	438	
動 に気づく	421	
動 競う	428	
動 を賞賛する	425	
動 を位置づける，評価する	429	
動 をさらす	433	

3 Drill 21 の復習テスト

✔	単語 なぞって書く	ID	意味を書こう
	tear	410	
	explore	408	
	amaze	409	
	afford	412	
	encounter	415	
	locate	417	
	settle	411	
	advertise	414	
	demonstrate	401	
	bite	419	

✔	単語 なぞって書く	ID	意味を書こう
	remind	416	
	deliver	420	
	educate	403	
	behave	402	
	aid	418	
	purchase	404	
	admit	406	
	generate	407	
	recommend	405	
	conclude	413	

忘れていた単語は，p.66 の My Word List へ **Go**

単語	1回目 意味を確認して単語を書く	2回目 発音しながら単語を書く	3回目 意味に合う単語を書く	意味
441 **comment** [ká(:)mènt] **カ**(ー)メント				名 意見, コメント：批判 動 (と)論評する, 批評する； (と)意見を述べる
442 **instruction** [ɪnstrʌ́kʃən] インストゥ**ラ**クション				名 〔通例~s〕指示；(~s)(製品 の)使用書
443 **religion** [rɪlídʒən] リ**リ**ヂョン				名 宗教；信条；信仰(心)
444 **neighborhood** [néɪbərhʊ̀d] **ネ**イバフッド				名 地域；近所
445 **laboratory** [lǽbərətɔ̀:ri] **ら**ボラトーリィ				名 実験室, 研究室
446 **presence** [prézəns] プ**レ**ズンス				名 存在；出席；面前
447 **confidence** [ká(:)nfɪdəns] **カ**(ー)ンふィデンス				名 自信；信頼；秘密
448 **harm** [hɑːrm] **ハ**ーム				名 害, 損害 動 を傷つける；を損なう
449 **instrument** [ínstrəmənt] **イ**ンストゥルメント				名 器具；楽器
450 **category** [kǽtəgɔ̀:ri] **キャ**テゴーリィ				名 部類, 区分；範疇[はんちゅう]
451 **capital** [kǽpətəl] **キャ**ピトゥる				名 資本；首都；大文字 形 資本の；主要な；首都の； 大文字の
452 **outcome** [áʊtkʌ̀m] **ア**ウトカム				名 結果；成果
453 **notion** [nóʊʃən] **ノ**ウション				名 概念, 観念；見解；意向
454 **review** [rɪvjú:] リ**ヴュ**ー				名 (書物などの)論評；再 調査；困 復習　動 を論評す る；を見直す；困を復習する
455 **trait** [treɪt] トゥ**レ**イト				名 特性
456 **diversity** [dəvə́:rsəti] ディ**ヴァ**〜スィティ				名 多様性；相違点
457 **victim** [víktɪm] **ヴィ**クティム				名 犠牲(者), 被害者
458 **occasion** [əkéɪʒən] オ**ケ**イジョン				名 場合, 時；行事；機会
459 **facility** [fəsíləti] ふァ**スィ**リティ				名 施設, 設備；機能；才能
460 **stock** [stɑ(:)k] ス**タ**(ー)ック				名 在庫品；蓄え；株 動 を店に置いている；に仕入 れる, 補充する

2 記憶から引き出す

意味	ID	単語を書こう
图 器具	449	
图 施設, 設備	459	
图 地域	444	
图 (書物などの)論評	454	
图 場合, 時	458	
图 在庫品	460	
图 害, 損害	448	
图 多様性	456	
图 意見, コメント	441	
图 自信	447	

意味	ID	単語を書こう
图 部類, 区分	450	
图 資本	451	
图 存在	446	
图 概念, 観念	453	
图 特性	455	
图 宗教	443	
图 指示	442	
图 犠牲(者), 被害者	457	
图 結果	452	
图 実験室, 研究室	445	

3 Drill 22 の復習テスト

✔	単語 なぞって書く	ID	意味を書こう
	handle	424	
	consist	440	
	expose	433	
	compete	428	
	spell	437	
	distinguish	422	
	breathe	438	
	reject	431	
	propose	436	
	praise	425	

✔	単語 なぞって書く	ID	意味を書こう
	imply	423	
	deny	430	
	intend	432	
	appeal	426	
	rank	429	
	insist	427	
	perceive	421	
	inspire	435	
	favor	434	
	repair	439	

忘れていた単語は, p.66 の My Word List へ **Go**

単語	1回目 意味を確認して単語を書く	2回目 発音しながら単語を書く	3回目 意味に合う単語を書く	意味
461 **conference** [kɑ́(:)nfərəns] カ(ー)ンふァレンス				名 **会議**：協議
462 **humanity** [hjumǽnəti] ヒュ**マ**ニティ				名 **人類**：人間性；人情；((the) 〜ties)人文科学
463 **dialect** [dáiəlèkt] **ダ**イアれクト				名 **方言**
464 **proportion** [prəpɔ́:rʃən] プロ**ポ**ーション				名 **割合**：部分；釣り合い
465 **tip** [tɪp] **ティ**ップ				名 **助言，秘訣**[ひけつ]：チップ；先端 動 をひっくり返す；を傾ける；ひっくり返る
466 **lawyer** [lɔ́:jər] **ろ**ーヤァ				名 **弁護士**
467 **stuff** [stʌf] ス**タ**ふ				名 **(漠然と) 物**：素材；素質 動 を詰める；をいっぱいにする
468 **comfort** [kʌ́mfərt] **カ**ンふォト				名 **快適さ**：慰め 動 を慰める；を安心させる
469 **philosophy** [fəlɑ́(:)səfi] ふィ**ら**(ー)ソふィ				名 **哲学**：原理；人生観
470 **mammal** [mǽməl] **マ**マる				名 **哺乳**[ほにゅう]**動物**
471 **quantity** [kwɑ́(:)ntəti] ク**ワ**(ー)ンティティ				名 **量**：分量
472 **landscape** [lǽndskèip] **ら**ン(ド)スケイプ				名 **風景**：領域；状況
473 **tribe** [traɪb] トゥ**ラ**イブ				名 **部族**：仲間
474 **organ** [ɔ́:rgən] **オ**ーガン				名 **器官，臓器**：組織；(パイプ)オルガン
475 **trial** [tráiəl] トゥ**ラ**イアる				名 **試み，(品質・性能などの)試験**：裁判；試用期間
476 **norm** [nɔ:rm] **ノ**ーム				名 **規範**：標準
477 **code** [koud] **コ**ウド				名 **規範**：暗号；法典 動 を暗号にする；を法典化する
478 **substance** [sʌ́bstəns] **サ**ブスタンス				名 **物質**：実体；趣旨
479 **multiple** [mʌ́ltɪpl] **マ**るティプる				形 **多様な**：種々雑多な
480 **numerous** [njú:mərəs] **ニュ**ーメラス				形 **非常に数の多い**

② 記憶から引き出す

意味	ID	単語を書こう		意味	ID	単語を書こう
名 人類	462			名 物質	478	
名 部族	473			形 多様な	479	
名 (漠然と)物	467			名 割合	464	
名 器官, 臓器	474			名 助言, 秘訣	465	
名 量	471			名 哺乳動物	470	
名 会議	461			名 試み, (品質・性能などの)試験	475	
名 方言	463			形 非常に数の多い	480	
名 風景	472			名 弁護士	466	
名 規範：標準	476			名 規範：暗号	477	
名 哲学	469			名 快適さ	468	

③ Drill 23の復習テスト

✔	単語 なぞって書く	ID	意味を書こう	✔	単語 なぞって書く	ID	意味を書こう
	instruction	442			comment	441	
	capital	451			occasion	458	
	laboratory	445			outcome	452	
	stock	460			confidence	447	
	diversity	456			religion	443	
	neighborhood	444			instrument	449	
	notion	453			facility	459	
	victim	457			trait	455	
	review	454			harm	448	
	category	450			presence	446	

忘れていた単語は，p.66 の My Word List へ **Go**

Drill 25　1 書いて記憶 [単語番号：481 ～ 500]

学習日：　　月　　日

単語	1回目 意味を確認して単語を書く	2回目 発音しながら単語を書く	3回目 意味に合う単語を書く	意味
481 **narrow** [nǽrou] ナロウ				[形] 狭い；細い；限られた [動] を狭める，を制限する；狭まる [名] (～s)幅の狭い所
482 **widespread** [wáɪdsprèd] ワイドスプレッド				[形] 広範囲にわたる；広く普及した
483 **sufficient** [発] [アク] [səfíʃənt] サふィシェント				[形] 十分な
484 **proper** [prɑ́(:)pər] プラ(ー)パァ				[形] 適切な；正式の；(名詞の後ろで)主要な；固有の
485 **linguistic** [発] [lɪŋgwístɪk] リングウィスティック				[形] 言語の，言語学の
486 **annual** [ǽnjuəl] アニュアる				[形] 年1回の，例年の；1年間の
487 **contemporary** [kəntémpərèri] コンテンポレリィ				[形] 現代の；同時代の；同年輩の [名] 同時代の人；同年輩の人
488 **contrary** [アク] [kɑ́(:)ntrèri] カ(ー)ントゥレリィ				[形] 反対の [名] (the ～)反対，逆(のこと)
489 **strict** [strɪkt] ストゥリクト				[形] (規則などが)厳しい；厳格な
490 **civil** [sívəl] スィヴ(ィ)る				[形] 市民の；民間の；民事の
491 **odd** [ɑ(:)d] ア(ー)ッド				[形] 奇妙な；奇数の
492 **unknown** [ʌ̀nnóun] アンノウン				[形] 不明の；知られていない，無名の [名] 未知の人，無名の人；未知のもの[世界]
493 **superior** [発] [supíəriər] スピ(ア)リア				[形] よりすぐれた [名] すぐれた人；上役；先輩
494 **sensitive** [sénsətɪv] センスィティヴ				[形] 敏感な；神経質な；微妙な
495 **violent** [váɪələnt] ヴァイオれント				[形] (人・気質などが)激しい；暴力的な
496 **virtual** [və́:rtʃuəl] ヴァ～チュアる				[形] 仮想の；事実上の
497 **regardless** [rɪgɑ́:rdləs] リガードれス				[形] かまわない，無頓着な [副] かまわず，頓着しないで
498 **immediate** [発] [ɪmí:diət] イミーディエット				[形] 即座の；当面の；すぐそばの；直接の
499 **crucial** [発] [krú:ʃəl] クルーシャる				[形] 重要な
500 **somewhat** [アク] [sʌ́mhwʌ̀t] サム(フ)ワット				[副] いくぶん，多少

2 記憶から引き出す

意味	ID	単語を書こう
形 現代の	487	
形 （規則などが）厳しい	489	
形 即座の	498	
形 重要な	499	
形 年1回の，例年の	486	
形 仮想の	496	
形 不明の	492	
形 よりすぐれた	493	
形 （人・気質などが）激しい	495	
副 いくぶん，多少	500	

意味	ID	単語を書こう
形 十分な	483	
形 適切な	484	
形 狭い	481	
形 広範囲にわたる	482	
形 敏感な	494	
形 市民の	490	
形 言語の，言語学の	485	
形 奇妙な	491	
形 反対の	488	
形 かまわない，無頓着な	497	

3 Drill 24の復習テスト

✔	単語 なぞって書く	ID	意味を書こう
	lawyer	466	
	mammal	470	
	quantity	471	
	substance	478	
	conference	461	
	proportion	464	
	organ	474	
	stuff	467	
	tribe	473	
	landscape	472	

✔	単語 なぞって書く	ID	意味を書こう
	norm	476	
	trial	475	
	humanity	462	
	tip	465	
	philosophy	469	
	multiple	479	
	code	477	
	dialect	463	
	comfort	468	
	numerous	480	

忘れていた単語は，p.66 の My Word List へ GO▶

My Word List

Drill 20 ～ 24

～覚えていなかった単語～

単語	意味

単語	意味

単語	意味

最低「５回」は書いて絶対に覚えよう！

Part 1 Section 6

1 書いて記憶 [単語番号：501 ～ 520]

学習日：　　月　　日

単語	1回目 意味を確認して単語を書く	2回目 発音しながら単語を書く	3回目 意味に合う単語を書く	意味
501 **interpret** [アク][ɪntə́ːrprət] インタ～プリット				[動] を**解釈する**；(を)通訳する
502 **translate** [trǽnsleɪt] トゥランスれイト				[動] を**翻訳する**；を変える
503 **concentrate** [アク][ká(ː)nsəntrèɪt] カ(ー)ンセントゥレイト				[動] (を)**集中する**
504 **request** [rɪkwést] リクウェスト				[動] に**頼む**；を要請する [名] 要請，依頼；頼み事
505 **criticize** [発][krítəsàɪz] クリティサイズ				[動] を**批判する**；を批評する
506 **overcome** [アク][òʊvərkʌ́m] オウヴァカム				[動] を**克服する**
507 **obtain** [əbtéɪn] オブテイン				[動] を**得る**
508 **inform** [ɪnfɔ́ːrm] インふォーム				[動] に**知らせる**；情報を提供する
509 **ensure** [ɪnʃúər] インシュア				[動] を**確実にする**；を守る
510 **announce** [ənáʊns] アナウンス				[動] を**発表[公表]する，知らせる**；(物事が)を告げる
511 **grant** [grænt] グラント				[動] (人)に(許可・権利など)を**与える**；を認める [名] 授与されたもの；助成金
512 **freeze** [friːz] ふリーズ				[動] **凍る**；を凍らせる；(計画・資金など)を凍結する [名] (資産などの)凍結
513 **oppose** [アク][əpóʊz] オポウズ				[動] に**反対する**；を対抗[対比]させる
514 **differ** [アク][dífər] ディふァ				[動] **異なる**
515 **hate** [heɪt] ヘイト				[動] を**ひどく嫌う**；を残念に思う [名] 嫌悪，憎悪
516 **emphasize** [発][émfəsàɪz] エンふァサイズ				[動] を**強調する**；を重視する
517 **employ** [ɪmplɔ́ɪ] インプろイ				[動] を**雇う**；を使う
518 **credit** [krédət] クレディット				[動] (功績など)を**帰する**；を信じる [名] 評判；功績；信用；貸付金
519 **transform** [アク][trænsfɔ́ːrm] トゥランスふォーム				[動] を**変える**；変わる
520 **construct** [アク][kənstrʌ́kt] コンストゥラクト				[動] を**建設する**；を構成する [名] [発別] 建造物，構成物；構成概念

意味	ID	単語を書こう
動 を雇う	517	
動 (を)集中する	503	
動 をひどく嫌う	515	
動 を変える	519	
動 を得る	507	
動 を克服する	506	
動 異なる	514	
動 (人)に(許可・権利など)を与える	511	
動 に知らせる	508	
動 を翻訳する	502	

意味	ID	単語を書こう
動 凍る	512	
動 を強調する	516	
動 を建設する	520	
動 を解釈する	501	
動 を確実にする	509	
動 (功績など)を帰する	518	
動 に反対する	513	
動 を発表[公表]する, 知らせる	510	
動 に頼む	504	
動 を批判する	505	

3 Drill25の復習テスト

✔	単語 なぞって書く	ID	意味を書こう
	widespread	482	
	superior	493	
	sensitive	494	
	contemporary	487	
	sufficient	483	
	somewhat	500	
	crucial	499	
	immediate	498	
	odd	491	
	contrary	488	

✔	単語 なぞって書く	ID	意味を書こう
	virtual	496	
	annual	486	
	violent	495	
	unknown	492	
	proper	484	
	linguistic	485	
	regardless	497	
	civil	490	
	narrow	481	
	strict	489	

忘れていた単語は，p.78の My Word List へ **Go**

1 書いて記憶 [単語番号：521 ～ 540]

学習日：　　月　　日

単語	1回目 意味を確認して単語を書く	2回目 発音しながら単語を書く	3回目 意味に合う単語を書く	意味
521 **arise** [əráɪz] アライズ				[動] 生じる
522 **beat** [bi:t] ビート				[動] を打ち負かす；(を)打つ，たたく [名] 打つ音；拍子；鼓動
523 **regret** [rɪgrét] リグレット				[動] を後悔する [名] 後悔，残念，遺憾[いかん]
524 **alter** [発] [ɔ́:ltər] オールタァ				[動] を変える；変わる
525 **absorb** [əbzɔ́:rb] アブゾーブ				[動] を吸収する；を併合する；を夢中にさせる
526 **disappoint** [dìsəpɔ́ɪnt] ディサポイント				[動] を失望させる；(希望など)をくじく
527 **cure** [kjuər] キュア				[動] を治す；を取り除く；(病気が)治る [名] 治療(法)，薬；治癒，回復
528 **transport** [ア] [trænspɔ́:rt] トゥランスポート				[動] を輸送する；を運ぶ [名] [アク前] [主に英] 輸送；交通機関
529 **rush** [rʌʃ] ラッシ				[動] 急いで行く；性急に行動する；をせき立てる [名] 突進，殺到；慌てること
530 **hang** [hæŋ] ハング				[動] を掛ける；を絞首刑にする；垂れ(下が)る
531 **blame** [bleɪm] ブレイム				[動] を責める；の責任を負わせる
532 **ban** [bæn] バン				[動] を(法的に)禁止する；を締め出す [名] 禁止(令)；(世論による)非難
533 **fascinate** [発] [fǽsɪnèɪt] ふァスィネイト				[動] を魅了する
534 **recover** [rɪkʌ́vər] リカヴァ				[動] 回復する；を取り戻す
535 **celebrate** [ア] [séləbrèɪt] セれブレイト				[動] を祝う；を挙行する
536 **manufacture** [発] [mæ̀njufǽktʃər] マニュふァクチャ				[動] を製造する；をでっち上げる [名] 製造，(大量)生産；[通例～s]製品
537 **interact** [発] [ìntərǽkt] インタラクト				[動] 影響し合う；相互に作用する
538 **arrange** [発] [əréɪndʒ] アレインヂ				[動] の段取りをつける；を手配する；を配置する
539 **adjust** [ədʒʌ́st] アヂャスト				[動] を調整する；を適合させる；順応する
540 **confirm** [kənfə́:rm] コンふァ～ム				[動] を確認する；を裏づける

2 記憶から引き出す

意味	ID	単語を書こう
動 を後悔する	523	
動 を吸収する	525	
動 を確認する	540	
動 生じる	521	
動 回復する	534	
動 を輸送する	528	
動 急いで行く	529	
動 を変える	524	
動 を責める	531	
動 を掛ける	530	

意味	ID	単語を書こう
動 を失望させる	526	
動 影響し合う	537	
動 を打ち負かす	522	
動 を調整する	539	
動 を魅了する	533	
動 を製造する	536	
動 を(法的に)禁止する	532	
動 を祝う	535	
動 を治す	527	
動 の段取りをつける	538	

3 Drill 26 の復習テスト

✔	単語 なぞって書く	ID	意味を書こう
	request	504	
	announce	510	
	overcome	506	
	employ	517	
	inform	508	
	oppose	513	
	concentrate	503	
	hate	515	
	criticize	505	
	translate	502	

✔	単語 なぞって書く	ID	意味を書こう
	credit	518	
	transform	519	
	obtain	507	
	interpret	501	
	differ	514	
	ensure	509	
	emphasize	516	
	freeze	512	
	construct	520	
	grant	511	

忘れていた単語は，p.78 の My Word List へ **GO**

Drill 28 1 書いて記憶 [単語番号：541 ～ 560]

学習日：　　月　　日

単語	1回目 意味を確認して単語を書く	2回目 発音しながら単語を書く	3回目 意味に合う単語を書く	意味
541 **insight** [アク][ínsàɪt] インサイト				[名] **見識，理解(力)**；洞察力
542 **innovation** [ìnəvéɪʃən] イノヴェイション				[名] **革新**；新機軸
543 **budget** [bʌ́dʒət] バヂェット				[名] **予算**；経費 [形] 安い，お徳用の [動] を予算に計上する
544 **fee** [fiː] ふィー				[名] **料金**；謝礼
545 **expense** [アク][ɪkspéns] イクスペンス				[名] [～s] **経費**；費用；犠牲
546 **debt** [発] [det] デット				[名] **借金，負債**；恩義
547 **loan** [loun] ろウン				[名] **貸付金，融資**；貸すこと [動] (人)に(金など)を貸し付ける
548 **duty** [djúːti] デューティ				[名] **義務**；[しばしば～ties] 職務；関税
549 **alarm** [əláːrm] アらーム				[名] **不安，恐れ**；警報装置 [動] をぎくりとさせる；に警戒させる
550 **emergency** [ɪmə́ːrdʒənsi] イマ～ヂェンスィ				[名] **緊急(事態)**
551 **democracy** [アク][dɪmɑ́(ː)krəsi] ディマ(ー)クラスィ				[名] **民主主義，民主政治**；民主国家
552 **minister** [mínɪstər] ミニスタァ				[名] **大臣**；(プロテスタント系の)聖職者
553 **fellow** [félou] ふェろウ				[名] **仲間，同僚**；同級生；男 [形] 仲間の，同僚の
554 **candidate** [アク][kǽndɪdèɪt] キャンディデイト				[名] **候補(者)**；志願者
555 **corporation** [kɔ̀ːrpəréɪʃən] コーポレイション				[名] **(大)企業**；法人
556 **stereotype** [アク][stériətàɪp] ステリオタイプ				[名] **固定観念**；決まり文句 [動] を型にはめる，お決まりの方法で見る
557 **route** [発] [ruːt] ルート				[名] **道(筋)**；路線，ルート；手段 [動] を特定の経路で輸送する
558 **disorder** [dɪsɔ́ːrdər] ディスオーダァ				[名] **障害，(心身の)不調**；混乱 [動] を混乱させる；の調子を狂わせる
559 **depression** [dɪpréʃən] ディプレション				[名] **憂うつ**；うつ病；不況；低気圧
560 **weapon** [発] [wépən] ウェポン				[名] **兵器，武器**

2 記憶から引き出す

意味	ID	単語を書こう
名 借金, 負債	546	
名 候補(者)	554	
名 貸付金, 融資	547	
名 仲間, 同僚	553	
名 予算	543	
名 (大)企業	555	
名 不安, 恐れ	549	
名 経費	545	
名 革新	542	
名 見識, 理解(力)	541	

意味	ID	単語を書こう
名 固定観念	556	
名 料金	544	
名 義務	548	
名 障害, (心身の)不調	558	
名 大臣	552	
名 兵器, 武器	560	
名 民主主義, 民主政治	551	
名 憂うつ	559	
名 緊急(事態)	550	
名 道(筋)	557	

3 Drill 27の復習テスト

✓	単語 なぞって書く	ID	意味を書こう
	blame	531	
	disappoint	526	
	ban	532	
	confirm	540	
	hang	530	
	regret	523	
	cure	527	
	beat	522	
	rush	529	
	manufacture	536	

✓	単語 なぞって書く	ID	意味を書こう
	arise	521	
	fascinate	533	
	arrange	538	
	absorb	525	
	interact	537	
	transport	528	
	adjust	539	
	alter	524	
	recover	534	
	celebrate	535	

忘れていた単語は, p.78 の My Word List へ **GO**

Drill 29 [1] 書いて記憶 [単語番号：561 ～ 580]　　学習日：　　月　　日

単語	1回目 意味を確認して単語を書く	2回目 発音しながら単語を書く	3回目 意味に合う単語を書く	意味
561 **immigration** [ìmɪgréɪʃən] イミグ**レ**イション				[名] **(他国からの)移民，移住**；入国管理
562 **barrier** [bǽriər] **バ**リア				[名] **障壁**；防壁
563 **disadvantage** [発] [dìsədvǽntɪdʒ] ディサド**ヴァ**ンテッヂ				[名] **不利(な点)**；障害；(信用などの)損失
564 **mood** [発] [muːd] **ム**ード				[名] **気分**；機嫌；雰囲気
565 **motion** [móuʃən] **モ**ウション				[名] **動き，動作**；運動；動議 [動] 身振りで合図する；に合図して伝える
566 **routine** [発][アク] [rùːtíːn] ルー**ティ**ーン				[名] **決まり切った仕事**；いつもの手順 [形] 決まり切った；日常の
567 **discipline** [発] [dísəplɪn] **ディ**スィプリン				[名] **規律，しつけ**；訓練；懲戒；学問分野 [動] をしつける，を訓練する
568 **myth** [mɪθ] **ミ**す				[名] **作り話**；神話
569 **hypothesis** [アク] [haɪpɑ́(ː)θəsɪs] ハイ**パ**(ー)セスィス				[名] **仮説**；憶測
570 **physician** [fɪzíʃən] ふィ**ズィ**シャン				[名] [主に米] **医師**；内科医
571 **client** [kláɪənt] ク**ら**イエント				[名] **顧客**；(弁護士などの)依頼人
572 **colony** [kɑ́(ː)ləni] **カ**(ー)ろニィ				[名] **植民地**；集団居住地；(動植物の)コロニー
573 **statistics** [アク] [stətístɪks] スタ**ティ**スティックス				[名] **統計**；統計学
574 **grain** [greɪn] グ**レ**イン				[名] **穀物**；粒；きめ
575 **ingredient** [発] [ɪngríːdiənt] イング**リ**ーディエント				[名] **材料，成分**；(成功の)要因
576 **treasure** [発] [tréʒər] トゥ**レ**ジャ				[名] **宝物，財宝**；財産 [動] を大切にする
577 **contract** [アク] [kɑ́(ː)ntrækt] **カ**(ー)ントゥラクト				[名] **契約(書)**；協定 [動] [発別] を契約する；(協定・同盟など)を結ぶ；を縮小する
578 **welfare** [アク] [wélfèər] **ウェ**るふェア				[名] **福祉，幸福**
579 **prime** [praɪm] プ**ラ**イム				[形] **主要な，最も重要な**；最適な；極上の [名] [通例 the ～] 全盛期
580 **curious** [kjúəriəs] **キュ**(ア)リアス				[形] **好奇心の強い**；奇妙な

2 記憶から引き出す

意味	ID	単語を書こう
名 穀物	574	
名 植民地	572	
名 福祉, 幸福	578	
形 主要な, 最も重要な	579	
名 障壁	562	
名 規律, しつけ	567	
名 不利(な点)	563	
名 主に米 医師	570	
名 気分	564	
名 動き, 動作	565	

意味	ID	単語を書こう
名 仮説	569	
名 作り話	568	
名 (他国からの)移民, 移住	561	
形 好奇心の強い	580	
名 顧客	571	
名 契約(書)	577	
名 材料, 成分	575	
名 宝物, 財宝	576	
名 決まり切った仕事	566	
名 統計	573	

3 Drill 28 の復習テスト

✓	単語 なぞって書く	ID	意味を書こう
	duty	548	
	fellow	553	
	budget	543	
	fee	544	
	insight	541	
	debt	546	
	corporation	555	
	weapon	560	
	alarm	549	
	expense	545	

✓	単語 なぞって書く	ID	意味を書こう
	route	557	
	minister	552	
	depression	559	
	stereotype	556	
	candidate	554	
	disorder	558	
	democracy	551	
	innovation	542	
	emergency	550	
	loan	547	

忘れていた単語は, p.78 の My Word List へ GO▶

単語	1回目 意味を確認して単語を書く	2回目 発音しながら単語を書く	3回目 意味に合う単語を書く	意味
581 **dramatic** [drəmǽtık] ドゥラ**マ**ティック				形 **劇的な**：演劇の
582 **distinct** [dıstíŋkt] ディス**ティ**ンクト				形 **明らかに異なる**：明瞭 な
583 **anxious** [ǽŋkʃəs] **ア**ンクシャス				形 **心配して**：切望して
584 **vital** ⚡[váıtəl] **ヴァ**イトゥる				形 **必要不可欠な**：活気の ある；生命にかかわる
585 **conventional** [kənvénʃənəl] コン**ヴェ**ンショヌる				形 **従来の**：月並みな
586 **abstract** [ǽbstrækt] **ア**ブストゥラクト				形 **抽象的な** 名 抜粋，要約 動 [アクセント]を抽 出する；を要約する
587 **minor** [máınər] **マ**イナァ				形 **重要でない**：小さい 名 未成年者
588 **extraordinary** ⚡[ıkstrɔ́ːrdənèri] イクストゥ**ロー**ディネリィ				形 **並はずれた**：異常な，驚 くべき
589 **stable** [stéıbl] ス**テ**イブる				形 **安定した**：動じない 名 馬小屋；同一組織に属す る人々
590 **flexible** [fléksəbl] ふ**れ**クスィブる				形 **融通の利く，柔軟な**
591 **brief** [briːf] ブ**リー**ふ				形 **簡潔な**：短い 名 摘要，概要 動 を要約す る；に事前に指示を与える
592 **aggressive** [əɡrésıv] アグ**レ**スィヴ				形 **攻撃的な**：意欲的な
593 **visible** [vízəbl] **ヴィ**ズィブる				形 **（目に）見える**：明白な
594 **unexpected** [ʌ̀nıkspéktıd] アニクス**ペ**クティッド				形 **思いがけない，不意の**
595 **ethnic** [éθnık] **エ**すニック				形 **民族の，人種の**：民族 特有の
596 **alien** ⚡[éıliən] **エ**イリアン				形 **異質の**：外国の；宇宙人 の 名 外国人；宇宙人
597 **initial** 🔊[ıníʃəl] イ**ニ**シャる				形 **初めの** 名 頭文字，イニシャル
598 **exact** [ıɡzǽkt] イグ**ザ**クト				形 **正確な**：まさにその
599 **precise** 🔊[prısáıs] プリ**サ**イス				形 **正確な**：精密な；まさに その
600 **latter** [lǽtər] **ら**タァ				形 **後者の，後半の** 名 (the 〜) (二者のうちの) 後 者

2 記憶から引き出す

意味	ID	単語を書こう	意味	ID	単語を書こう
形 劇的な	581		形 正確な：精密な	599	
形 初めの	597		形 必要不可欠な	584	
形 簡潔な	591		形 攻撃的な	592	
形 (目に)見える	593		形 民族の，人種の	595	
形 後者の，後半の	600		形 抽象的な	586	
形 異質の	596		形 並はずれた	588	
形 安定した	589		形 思いがけない，不意の	594	
形 心配して	583		形 正確な：まさにその	598	
形 従来の	585		形 重要でない	587	
形 融通の利く，柔軟な	590		形 明らかに異なる	582	

3 Drill 29の復習テスト

✔	単語 なぞって書く	ID	意味を書こう	✔	単語 なぞって書く	ID	意味を書こう
	immigration	561			disadvantage	563	
	treasure	576			physician	570	
	curious	580			ingredient	575	
	statistics	573			mood	564	
	discipline	567			grain	574	
	contract	577			prime	579	
	client	571			barrier	562	
	myth	568			welfare	578	
	routine	566			hypothesis	569	
	motion	565			colony	572	

忘れていた単語は，p.78 の My Word List へ GO ➡

My Word List   Drill 25 ～ 29
～覚えていなかった単語～

単語	意味

単語	意味

単語	意味

最低「5回」は書いて絶対に覚えよう！

Part 1　Section 7

1 書いて記憶 [単語番号：601 ～ 620]

学習日：　　月　　日

単語	1回目 意味を確認して単語を書く	2回目 発音しながら単語を書く	3回目 意味に合う単語を書く	意味
601 **commit** [kəmít] コミット				[動] (commit *oneself* または受身形で) 献身する；(罪など)を犯す；を投入する
602 **stimulate** [アク] [stímjulèɪt] スティミュれイト				[動] を刺激する
603 **enhance** [ɪnhǽns] インハンス				[動] (価値など)を高める，増す
604 **pursue** [アク] [pərsjúː] パス(ュ)ー				[動] を追求する；に従事する
605 **react** [riǽkt] リアクト				[動] 反応する；化学反応を起こす
606 **disagree** [アク] [dìsəgríː] ディサグリー				[動] 不賛成である；意見が食い違う
607 **stare** [steər] ステア				[動] じっと見る；を見つめる [名] じっと見つめること
608 **abandon** [əbǽndən] アバンドン				[動] を捨てる；を放棄する，断念する
609 **quit** [kwɪt] クウィット				[動] をやめる；(場所)を去る
610 **capture** [kǽptʃər] キャプチャ				[動] をとらえる；をとりこにする [名] 捕獲，逮捕；捕虜
611 **transfer** [アク] [trænsfə́ːr] トゥランスふァ～				[動] を移す；を伝える；移る；乗り換える [名] [アク別] 移動；乗り換え
612 **bother** [bɑ́(ː)ðər] バ(ー)ざァ				[動] を悩ます；気にかける [名] 面倒；厄介な事[人]
613 **persuade** [発] [pərswéɪd] パスウェイド				[動] を説得する；に確信させる
614 **rent** [rent] レント				[動] を賃借りする；を賃貸しする [名] 地代，家賃；レンタル料
615 **breed** [briːd] ブリード				[動] を繁殖させる，育てる；繁殖する [名] 品種，系統；種類
616 **invest** [ɪnvést] インヴェスト				[動] (を)投資する；に与える
617 **reserve** [発] [rɪzə́ːrv] リザ～ヴ				[動] を予約する；を取っておく；(判断など)を保留する [名] 蓄え；遠慮；保護区
618 **trace** [treɪs] トゥレイス				[動] (足跡・起源など)をたどる；を捜し出す [名] 形跡，痕跡[こんせき]；微量
619 **illustrate** [アク] [íləstrèɪt] イらストゥレイト				[動] を説明する；に挿絵を入れる
620 **advise** [発] [ədváɪz] アドヴァイズ				[動] に忠告[助言]する；(を)助言する

2 記憶から引き出す

意味	ID	単語を書こう		意味	ID	単語を書こう
動 を賃借りする	614			動 反応する	605	
動 献身する	601	*oneself*		動 を悩ます	612	
動 を説得する	613			動 に忠告[助言]する	620	
動 を移す	611			動 (足跡・起源など)をたどる	618	
動 不賛成である	606			動 を予約する	617	
動 (を)投資する	616			動 を繁殖させる，育てる	615	
動 をやめる	609			動 を説明する	619	
動 を追求する	604			動 じっと見る	607	
動 を刺激する	602			動 を捨てる	608	
動 をとらえる	610			動 (価値など)を高める，増す	603	

3 Drill 30 の復習テスト

✔	単語 なぞって書く	ID	意味を書こう		✔	単語 なぞって書く	ID	意味を書こう
	vital	584				aggressive	592	
	precise	599				conventional	585	
	latter	600				extraordinary	588	
	ethnic	595				anxious	583	
	alien	596				dramatic	581	
	flexible	590				exact	598	
	brief	591				abstract	586	
	minor	587				stable	589	
	visible	593				distinct	582	
	unexpected	594				initial	597	

忘れていた単語は，p.90 の My Word List へ **Go**

単語	1回目 意味を確認して単語を書く	2回目 発音しながら単語を書く	3回目 意味に合う単語を書く	意味
621 **convey** [kənvéɪ] コンヴェイ				動 **を伝える**；を運ぶ，運搬する
622 **attach** [ətǽtʃ] アタッチ				動 **を(取り)付ける**；を付与する
623 **stretch** [stretʃ] ストゥレッチ				動 **を伸ばす**；を広げる；伸びる；及ぶ 名 (一続きの)広がり；期間
624 **puzzle** [pʌ́zl] パズる				動 **を当惑させる** 名 なぞ，難問；パズル
625 **disturb** [dɪstə́ːrb] ディスタ～ブ				動 **をかき乱す**；を妨害する；を動揺させる
626 **crash** [kræʃ] クラッシ				動 **衝突する，墜落する**；をぶつけて壊す 名 衝突；墜落
627 **cope** [koup] コウプ				動 **うまく処理する**
628 **permit** [pərmít] パミット				動 **を許可する** 名 許可証；免許証
629 **impress** [ɪmprés] インプレス				動 **を感動させる**；に印象を与える
630 **suspect** [səspékt] サスペクト				動 **ではないかと思う**；(人)を疑う 名 容疑者 形 疑わしい；不審な
631 **upset** [ʌ̀psét] アップセット				動 **を動揺させる**；をだめにする 名 動揺；混乱 形 動揺して；(胃腸が)具合の悪い
632 **frighten** [fráɪtən] ふライトゥン				動 **(人)を怖がらせる**
633 **import** [ɪmpɔ́ːrt] インポート				動 **を輸入する**；を取り込む 名 輸入(品)；(通例 the ～)趣旨；重要性
634 **export** [ɪkspɔ́ːrt] イクスポート				動 **(を)輸出する** 名 輸出(品)
635 **investigate** [ɪnvéstɪgèɪt] インヴェスティゲイト				動 **を調査する**；を究明する；調査する
636 **monitor** [mɑ́(ː)nətər] マ(ー)ニタァ				動 **を監視する**；を傍受する 名 監視テレビ；監視員
637 **calculate** [kǽlkjulèɪt] キャるキュれイト				動 **を計算する**；を予測する
638 **eliminate** [ɪlímɪnèɪt] イリミネイト				動 **を取り除く**
639 **ease** [iːz] イーズ				動 **を軽減する**；和らぐ；緩む 名 容易さ；気楽さ；軽減
640 **launch** [lɔːntʃ] ろーンチ				動 **を開始する**；を売り出す；を発射する 名 発射；進水；開始

2 記憶から引き出す

意味	ID	単語を書こう
動 を感動させる	629	
動 をかき乱す	625	
動 を(取り)付ける	622	
動 を軽減する	639	
動 ではないかと思う	630	
動 を伝える	621	
動 (人)を怖がらせる	632	
動 を輸入する	633	
動 を計算する	637	
動 を開始する	640	

意味	ID	単語を書こう
動 衝突する，墜落する	626	
動 を取り除く	638	
動 (を)輸出する	634	
動 を許可する	628	
動 を当惑させる	624	
動 を監視する	636	
動 を動揺させる	631	
動 を調査する	635	
動 うまく処理する	627	
動 を伸ばす	623	

3 Drill 31 の復習テスト

✓	単語 なぞって書く	ID	意味を書こう
	react	605	
	reserve	617	
	rent	614	
	invest	616	
	commit	601	
	pursue	604	
	breed	615	
	quit	609	
	illustrate	619	
	capture	610	

✓	単語 なぞって書く	ID	意味を書こう
	trace	618	
	abandon	608	
	disagree	606	
	persuade	613	
	enhance	603	
	transfer	611	
	stimulate	602	
	bother	612	
	stare	607	
	advise	620	

忘れていた単語は，p.90 の My Word List へ **Go ▶**

Drill 33 **1 書いて記憶** [単語番号：641 ～ 660] 学習日： 月 日

単語	1回目 意味を確認して単語を書く	2回目 発音しながら単語を書く	3回目 意味に合う単語を書く	意味
641 **sequence** [síːkwəns] スィークウェンス				[名] **連続**；一連(のもの) [動] の配列を決定する；を順番に並べる
642 **therapy** [θérəpi] セラピィ				[名] **療法**；心理療法
643 **symptom** [発] [símptəm] スィン(プ)トム				[名] **症状**；兆候
644 **incident** [ア] [ínsɪdənt] インスィデント				[名] **出来事**，**事件**；紛争 [形] 付随する，つきものの
645 **witness** [wítnəs] ウィットネス				[名] **目撃者**；証人；証拠，証言 [動] を目撃する
646 **sum** [sʌm] サム				[名] **(金)額**；合計；要点 [動] 〔sum up で〕を要約する
647 **burden** [bə́ːrdən] バ～ドゥン				[名] **負担**；(重い)義務；積み荷 [動] に負担をかける；を悩ます
648 **tone** [toun] トウン				[名] **口調**；音色；雰囲気；色調 [動] (身体・筋肉など)を引き締める；の調子を変える
649 **honor** [発] [ɑ́(ː)nər] ア(ー)ナァ				[名] **光栄**；名誉；敬意 [動] に栄誉を与える；を敬う
650 **award** [発] [əwɔ́ːrd] アウォード				[名] **賞**；(証書などの)授与 [動] に(～の)賞を与える，授与する
651 **priority** [発] [praɪɔ́(ː)rəti] プライオ(ー)リティ				[名] **優先(事項)**
652 **logic** [lɑ́(ː)dʒɪk] ら(ー)ヂック				[名] **論理**；道理；論理学
653 **minimum** [mínɪməm] ミニマム				[名] **最小限度** [形] 最小(限度)の，最低限の
654 **exception** [発] [ɪksépʃən] イクセプション				[名] **例外**
655 **clue** [kluː] クるー				[名] **手がかり**；(パズルの)ヒント
656 **bond** [bɑ(ː)nd] バ(ー)ンド				[名] **絆**[きずな]；債券；束縛；接着剤 [動] (を)接着する
657 **virus** [発] [váɪərəs] ヴァイ(ア)ラス				[名] **ウイルス**；(感染症の)病原体
658 **surgery** [発] [sə́ːrdʒəri] サ～ヂェリィ				[名] **(外科)手術**；外科，外科医学
659 **insurance** [ɪnʃúərəns] インシュ(ア)ランス				[名] **保険**；保険料；保険金 [形] 保険の
660 **frame** [freɪm] ふレイム				[名] **枠**，**(額)縁**；骨組み；体格 [動] を枠にはめる；を組み立てる

2 記憶から引き出す

意味	ID	単語を書こう
名 症状	643	
名 (外科)手術	658	
名 目撃者	645	
名 最小限度	653	
名 絆	656	
名 保険	659	
名 例外	654	
名 負担	647	
名 枠, (額)縁	660	
名 ウイルス	657	

意味	ID	単語を書こう
名 出来事, 事件	644	
名 賞	650	
名 療法	642	
名 論理	652	
名 (金)額	646	
名 手がかり	655	
名 連続	641	
名 優先(事項)	651	
名 口調	648	
名 光栄	649	

3 Drill32の復習テスト

✔	単語 なぞって書く	ID	意味を書こう
	export	634	
	frighten	632	
	puzzle	624	
	upset	631	
	disturb	625	
	investigate	635	
	permit	628	
	launch	640	
	cope	627	
	stretch	623	

✔	単語 なぞって書く	ID	意味を書こう
	import	633	
	crash	626	
	attach	622	
	impress	629	
	monitor	636	
	ease	639	
	eliminate	638	
	convey	621	
	suspect	630	
	calculate	637	

忘れていた単語は，p.90 の My Word List へ **Go**

Drill 34 [1] 書いて記憶 [単語番号：661 ～ 680]

学習日：　　月　　日

単語	1回目 意味を確認して単語を書く	2回目 発音しながら単語を書く	3回目 意味に合う単語を書く	意味
661 **shelter** [ʃéltər] シェるタァ				[名] 避難(所), 保護 [動] を保護する；をかくまう
662 **territory** [térətɔ̀:ri] テリトーリィ				[名] 領土；(活動の)領域；(動物の)テリトリー
663 **boundary** [báundəri] バウンダリィ				[名] 境界(線)；〔通例～ries〕限界
664 **habitat** [hǽbɪtæ̀t] ハビタット				[名] 生息地；(人の)居住地
665 **district** [アク][dístrɪkt] ディストゥリクト				[名] 地区；行政区
666 **conservation** [kɑ̀(:)nsərvéɪʃən] カ(ー)ンサヴェイション				[名] (動植物などの)保護；保存
667 **harvest** [アク][há:rvɪst] ハーヴェスト				[名] 収穫(物)；収穫期；漁獲高 [動] を収穫する；(成果など)を収める
668 **predator** [prédətər] プレデタァ				[名] 捕食動物；略奪者
669 **trap** [træp] トゥラップ				[名] わな；苦境 [動] を閉じ込める；をわなで捕らえる
670 **trick** [trɪk] トゥリック				[名] こつ；策略；いたずら；芸当 [動] をだます；をだましてさせる
671 **fault** [発] [fɔ:lt] ふォーるト				[名] 〔通例 *one's* ～〕責任；欠点；誤り [動] を非難する
672 **discount** [アク][dískaunt] ディスカウント				[名] 割引 [動] を割り引く；を軽視する
673 **bias** [báɪəs] バイアス				[名] 偏見；傾向 [動] を偏らせる
674 **cooperation** [kouɑ̀(:)pəréɪʃən] コウア(ー)ペレイション				[名] 協力, 共同
675 **patent** [発][アク][pǽtənt] パテント				[名] 特許(権)；特許品 [形] 特許の [動] の特許を得る
676 **dialogue** [dáɪəlɔ̀(:)g] ダイアろ(ー)グ				[名] 対話, 会話；意見の交換 [動] 対話[交渉]する；を会話体で表現する
677 **component** [kəmpóunənt] コンポウネント				[名] 構成要素；部品 [形] 構成要素としての
678 **reputation** [rèpjutéɪʃən] レピュテイション				[名] 評判；名声
679 **verbal** [vɔ́:rbəl] ヴァ～バる				[形] 言葉の；口頭での；動詞の
680 **internal** [アク][ɪntɔ́:rnəl] インタ～ヌる				[形] 内部の；国内の；内面的な

② 記憶から引き出す

意味	ID	単語を書こう
名 生息地	664	
名 割引	672	
名 責任	671	
名 協力，共同	674	
形 言葉の	679	
名 構成要素	677	
名 評判	678	
名 収穫(物)	667	
名 境界(線)	663	
名 わな	669	

意味	ID	単語を書こう
名 対話，会話	676	
名 地区	665	
形 内部の	680	
名 こつ	670	
名 偏見	673	
名 特許(権)	675	
名 (動植物などの)保護	666	
名 避難(所)，保護	661	
名 捕食動物	668	
名 領土	662	

③ Drill 33 の復習テスト

✓	単語 なぞって書く	ID	意味を書こう
	burden	647	
	clue	655	
	incident	644	
	tone	648	
	sum	646	
	logic	652	
	frame	660	
	minimum	653	
	surgery	658	
	virus	657	

✓	単語 なぞって書く	ID	意味を書こう
	symptom	643	
	therapy	642	
	insurance	659	
	bond	656	
	priority	651	
	witness	645	
	award	650	
	exception	654	
	honor	649	
	sequence	641	

忘れていた単語は，p.90 の My Word List へ GO→

1 書いて記憶 [単語番号：681 ～ 700]

学習日：　　月　　日

単語	1回目 意味を確認して単語を書く	2回目 発音しながら単語を書く	3回目 意味に合う単語を書く	意味
681 **solid** [sá(:)ləd] サ(ー)リッド				[形] しっかりした；硬い；固体の [名] 固体；固形物
682 **remote** [rɪmóʊt] リモウト				[形] 遠く離れた；かけ離れた
683 **principal** [prínsəpəl] プリンスィパる				[形] 主要な；資本金の [名] [米] 校長；上司；当事者；元金
684 **sophisticated** [アク] [səfístɪkèɪtɪd] ソふィスティケイティッド				[形] 高性能の，精巧な；洗練された
685 **equivalent** [アク] [ɪkwívələnt] イクウィヴァれント				[形] 等しい，相当する [名] 相当する[等しい]もの
686 **rational** [rǽʃənəl] ラショヌる				[形] 理性的な；合理的な
687 **relevant** [アク] [réləvənt] レれヴァント				[形] 関係がある；適切な
688 **absolute** [ǽbsəljù:t] アブソリュート				[形] 絶対的な
689 **frequent** [アク] [frí:kwənt] ふリークウェント				[形] 頻繁な [動] [発別] をよく訪れる
690 **permanent** [pə́:rmənənt] パ～マネント				[形] 永続的な
691 **intense** [ɪnténs] インテンス				[形] 強烈な；熱烈な
692 **meaningful** [mí:nɪŋfəl] ミーニングふる				[形] 意味のある
693 **evil** [発] [í:vəl] イーヴる				[形] 邪悪な；有害な [名] 害悪；悪
694 **extinct** [ɪkstíŋkt] イクスティンクト				[形] 絶滅した；廃止された
695 **random** [rǽndəm] ランダム				[形] 無作為の；手当たり次第の
696 **raw** [発] [rɔ:] ロー				[形] 生[なま]の；未加工の
697 **rude** [ru:d] ルード				[形] 無礼な；粗野な
698 **mere** [発] [mɪər] ミア				[形] 単なる，ほんの
699 **tropical** [trá(:)pɪkəl] トゥラ(ー)ピカる				[形] 熱帯の
700 **forth** [fɔ:rθ] ふォーす				[副] 前へ，先へ；それ以降

2 記憶から引き出す

	意味	ID	単語を書こう
形	永続的な	690	
形	絶対的な	688	
形	等しい，相当する	685	
形	無礼な	697	
形	邪悪な	693	
形	絶滅した	694	
形	意味のある	692	
副	前へ，先へ	700	
形	高性能の，精巧な	684	
形	熱帯の	699	

	意味	ID	単語を書こう
形	遠く離れた	682	
形	強烈な	691	
形	頻繁な	689	
形	主要な	683	
形	関係がある	687	
形	単なる，ほんの	698	
形	無作為の	695	
形	理性的な	686	
形	生の	696	
形	しっかりした	681	

3 Drill 34 の復習テスト

✓	単語 なぞって書く	ID	意味を書こう
	verbal	679	
	conservation	666	
	fault	671	
	internal	680	
	dialogue	676	
	habitat	664	
	boundary	663	
	patent	675	
	reputation	678	
	shelter	661	

✓	単語 なぞって書く	ID	意味を書こう
	predator	668	
	cooperation	674	
	trap	669	
	discount	672	
	territory	662	
	district	665	
	trick	670	
	harvest	667	
	component	677	
	bias	673	

忘れていた単語は，p.90 の My Word List へ GO

My Word List   Drill 30 〜 34
〜覚えていなかった単語〜

単語	意味

単語	意味

単語	意味

最低「５回」は書いて絶対に覚えよう！

Part 1 Section 8

Drill 36 [1] 書いて記憶 [単語番号：701 ～ 720]

学習日：　　月　　日

単語	1回目 意味を確認して単語を書く	2回目 発音しながら単語を書く	3回目 意味に合う単語を書く	意味
701 **possess** [発] [ア] [pəzés] ポゼス				[動] を所有している；の心をとらえる
702 **dominate** [dá(:)mınèıt] ダ(ー)ミネイト				[動] を支配する；優勢である
703 **guarantee** [発] [ア] [gæ̀rəntíː] ギャランティー				[動] を保証する [名] 保証(書)；確約；担保
704 **melt** [melt] メるト				[動] 溶ける；なごむ；を溶かす
705 **embarrass** [ımbǽrəs] インバラス				[動] に恥ずかしい思いをさせる
706 **discourage** [dıskə́ːrıdʒ] ディスカ～レッヂ				[動] (人)にやる気をなくさせる；を落胆させる
707 **detect** [dıtékt] ディテクト				[動] を感知する；を見つけ出す；に気づく
708 **devote** [dıvóut] ディヴォウト				[動] をささげる
709 **urge** [発] [əːrdʒ] ア～ヂ				[動] に(強く)促す；を強く主張する；を駆り立てる [名] 衝動，駆り立てる力
710 **lend** [lend] れンド				[動] を貸す；(人)に(助言・援助など)を与える
711 **restrict** [rıstríkt] リストゥリクト				[動] を制限する
712 **isolate** [áısəlèıt] アイソれイト				[動] を孤立させる
713 **accompany** [əkʌ́mpəni] アカンパニィ				[動] に同行する；に付随する
714 **exhaust** [発] [ıgzɔ́ːst] イグゾースト				[動] を疲れ果てさせる；を使い尽くす；排気する [名] 排気(ガス)
715 **annoy** [ənɔ́ı] アノイ				[動] を悩ます；〔受身形で〕腹が立つ
716 **endanger** [ındéındʒər] インデインヂャ				[動] を危険にさらす
717 **acknowledge** [発] [əkná(:)lıdʒ] アクナ(ー)れッヂ				[動] (事実など)を認める；に謝意を表す
718 **admire** [ədmáıər] アドマイア				[動] に敬服[感心]する
719 **evaluate** [ıvǽljuèıt] イヴァりュエイト				[動] を評価する；を査定する
720 **declare** [dıkléər] ディクれア				[動] を宣言する；を申告する

② 記憶から引き出す

意味	ID	単語を書こう
動 (事実など)を認める	717	
動 をささげる	708	
動 溶ける	704	
動 に恥ずかしい思いをさせる	705	
動 を支配する	702	
動 を疲れ果てさせる	714	
動 を宣言する	720	
動 を所有している	701	
動 を危険にさらす	716	
動 を評価する	719	

意味	ID	単語を書こう
動 を保証する	703	
動 を制限する	711	
動 を感知する	707	
動 に同行する	713	
動 に(強く)促す	709	
動 を孤立させる	712	
動 (人)にやる気をなくさせる	706	
動 に敬服[感心]する	718	
動 を貸す	710	
動 を悩ます	715	

③ Drill35の復習テスト

✓	単語 なぞって書く	ID	意味を書こう
	extinct	694	
	evil	693	
	meaningful	692	
	solid	681	
	mere	698	
	intense	691	
	frequent	689	
	remote	682	
	rude	697	
	permanent	690	

✓	単語 なぞって書く	ID	意味を書こう
	sophisticated	684	
	forth	700	
	equivalent	685	
	random	695	
	raw	696	
	principal	683	
	relevant	687	
	rational	686	
	tropical	699	
	absolute	688	

忘れていた単語は, p.102 の My Word List へ **GO**

単語	1回目 意味を確認して単語を書く	2回目 発音しながら単語を書く	3回目 意味に合う単語を書く	意味
721 **secure** [sɪkjúər] スィキュア				動 を確保する；を守る 形 確かな；安全な；安心した
722 **specialize** [spéʃəlàɪz] スペシャらイズ				動 専門とする；圏 専攻する
723 **attribute** [ətríbjùːt] アトゥリビュート				動 (結果など)を帰する 名 属性，特性；象徴
724 **pretend** [prɪténd] プリテンド				動 (の)ふりをする
725 **bury** [béri] ベリィ				動 を埋める；を埋葬する；を隠す
726 **reverse** [rɪvə́ːrs] リヴァ〜ス				動 を逆転させる；を反対にする　形 逆の；裏の 名 (the ～)逆，反対；逆転
727 **resist** [rɪzíst] リズィスト				動 に抵抗する；〔通例否定文で〕を我慢する
728 **scare** [skeər] スケア				動 をおびえさせる；を脅す　名 (突然の)恐怖；(多くの人が抱く)不安
729 **imitate** [ímɪtèɪt] イミテイト				動 をまねる；を模造する
730 **assist** [əsíst] アスィスト				動 (を)援助する；を手伝う 名 援助；(サッカー・バスケットなどの)アシスト
731 **resemble** [rɪzémbl] リゼンブる				動 に似ている
732 **retire** [rɪtáɪər] リタイア				動 引退する，退職する；退く
733 **neglect** [nɪglékt] ニグれクト				動 をおろそかにする，怠る；を無視する 名 放置，怠慢；無視
734 **collapse** [kəlǽps] コらプス				動 崩壊する；(人が)倒れる；を折り畳む 名 崩壊；衰弱
735 **reform** [rɪfɔ́ːrm] リふォーム				動 を改革する；を改心させる 名 改革；改善
736 **protest** [prətést] プロテスト				動 (に)抗議する；を主張する 名 抗議(運動)，異議
737 **owe** [ou] オウ				動 に借りがある；のおかげである
738 **sustain** [səstéɪn] サステイン				動 を持続させる；を支える
739 **assign** [əsáɪn] アサイン				動 を割り当てる；を配属する
740 **accomplish** [əká(ː)mplɪʃ] アカ(ー)ンプリッシ				動 を成し遂げる

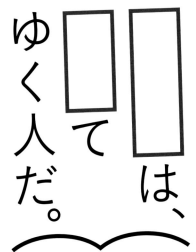

2 記憶から引き出す

意味	ID	単語を書こう
動 (の)ふりをする	724	
動 を割り当てる	739	
動 を埋める	725	
動 を成し遂げる	740	
動 を逆転させる	726	

意味	ID	単語を書こう
動 崩壊する	734	
動 (に)抗議する	736	
動 (結果など)を帰する	723	
動 を持続させる	738	
動 引退する, 退職する	732	
動 をおびえさせる	728	
動 専門とする	722	
動 を改革する	735	
動 をまねる	729	
動 に似ている	731	

✓	単語 なぞって書く	ID	意味を書こう
	annoy	715	
	admire	718	
	lend	710	
	urge	709	
	possess	701	
	declare	720	
	isolate	712	
	acknowledge	717	
	melt	704	
	dominate	702	

単語	ID
endanger	716
detect	707
embarrass	705
evaluate	719

忘れていた単語は, p.102 の My Word List へ GO▶

単語	1回目 意味を確認して単語を書く	2回目 発音しながら単語を書く	3回目 意味に合う単語を書く	意味
741 **wisdom** [wízdəm] **ウィ**ズダム				名 **知恵**：賢明さ；学識
742 **literacy** [lítərəsi] **リ**テラスィ				名 **読み書きの能力**；(特定分野の)知識
743 **heritage** 🍎 [hérətidʒ] **ヘ**リテッヂ				名 **遺産**
744 **mission** [míʃən] **ミ**ション				名 **使命**；(外交)使節団；布教
745 **license** [láisəns] **ら**イセンス				名 **免許(証)**；許可 動 を認可する，に許可を与える
746 **elite** [ılíːt] イ**リー**ト				名 〔通例 the 〜〕〔集合的に〕**エリート** 形 エリートの，えり抜きの
747 **layer** [léiər] **れ**イア				名 **層** 動 を層にする
748 **motor** [móutər] **モ**ウタァ				名 **モーター**；原動力 形 モーターの；運動神経の 動 自動車で行く
749 **protein** 🍎 🎵 [próutiːn] **プロ**ウティーン				名 **たんぱく質**
750 **profession** [prəféʃən] プロ**ふェ**ション				名 **職業**；専門職；同業者仲間
751 **editor** [édətər] **エ**ディタァ				名 **編集者**；編集長
752 **agent** [éidʒənt] **エ**イヂェント				名 **仲介者，代理人**；薬剤
753 **globe** [gloub] **グろ**ウブ				名 **地球；世界**；球
754 **haven** 🍎 [héivən] **ヘ**イヴン				名 **避難所，保護区**；港
755 **row** 🍎 [rou] **ロ**ウ				名 **列**；(建物が並ぶ)通り
756 **sacrifice** 🍎 [sǽkrifàis] **サ**クリふァイス				名 **犠牲**；いけにえ 動 を犠牲にする；(を)いけにえとしてささげる
757 **means** [miːnz] **ミー**ンズ				名 〔単数・複数扱い〕**手段**；〔複数扱い〕資力，収入
758 **session** [séʃən] **セ**ション				名 **集まり**；(議会の)会期；(開会中の)議会
759 **league** [liːg] **リー**グ				名 **(競技)連盟**；同盟
760 **contest** 🎵 [ká(ː)ntest] **カ**(ー)ンテスト				名 **コンテスト，競技(会)**：争い 動 〔強勢移動〕を競う；に異議を申し立てる

2 記憶から引き出す

意味	ID	単語を書こう
名 集まり	758	
名 たんぱく質	749	
名 編集者	751	
名 列	755	
名 避難所，保護区	754	
名 仲介者，代理人	752	
名 読み書きの能力	742	
名 (競技)連盟	759	
名 使命	744	
名 地球：世界	753	

意味	ID	単語を書こう
名 免許(証)	745	
名 遺産	743	
名 層	747	
名 コンテスト，競技(会)	760	
名 エリート	746	
名 手段	757	
名 モーター	748	
名 職業	750	
名 犠牲	756	
名 知恵	741	

3 Drill 37の復習テスト

✔	単語 なぞって書く	ID	意味を書こう
	scare	728	
	bury	725	
	protest	736	
	resemble	731	
	specialize	722	
	pretend	724	
	reverse	726	
	sustain	738	
	owe	737	
	accomplish	740	

✔	単語 なぞって書く	ID	意味を書こう
	neglect	733	
	imitate	729	
	assign	739	
	assist	730	
	collapse	734	
	retire	732	
	resist	727	
	reform	735	
	attribute	723	
	secure	721	

忘れていた単語は，p.102 の My Word List へ **Go**

1 書いて記憶 [単語番号：761 ～ 780]

学習日：　　月　　日

単語	1回目 意味を確認して単語を書く	2回目 発音しながら単語を書く	3回目 意味に合う単語を書く	意味
761 **guard** [発] [gɑːrd] ガード				[名] **警備員**；警備隊；監視，警戒 [動] を護衛する；を監視[警戒]する
762 **opponent** [発][ア] [əpóunənt] オポウネント				[名] **（試合・論争などの）相手**；反対者 [形] 反対の；対立する
763 **glance** [glæns] グランス				[名] **ちらっと見ること** [動] ちらっと見る
764 **divorce** [dɪvɔ́ːrs] ディヴォース				[名] **離婚**；分離 [動] と離婚する
765 **tissue** [発] [tíʃuː] ティシュー				[名] **（生物の）組織**；ティッシュペーパー
766 **liquid** [発] [líkwɪd] リクウィッド				[名] **液体** [形] 液体の；流動体の
767 **inequality** [ìnɪkwɑ́(ː)ləti] イニクワ(ー)リティ				[名] **不平等**；不公平な事柄
768 **prejudice** [ア] [prédʒudəs] プレヂュディス				[名] **偏見** [動] に偏見を持たせる
769 **justice** [dʒʌ́stɪs] ヂャスティス				[名] **公正，正義**；司法
770 **guideline** [gáɪdlàɪn] ガイドライン				[名] **指針，ガイドライン**；指導基準
771 **platform** [ア] [plǽtfɔ̀ːrm] プラットふォーム				[名] **プラットフォーム**；演壇；舞台
772 **sector** [séktər] セクタァ				[名] **（社会・経済などの）部門，セクター**；（都市内の）地域
773 **channel** [発] [tʃǽnəl] チャヌる				[名] **チャンネル**；伝達経路；海峡 [動] （労力・金銭など）を注ぐ
774 **glacier** [発] [gléɪʃər] グれイシャ				[名] **氷河**
775 **primate** [発] [práɪmeɪt] プライメイト				[名] **霊長目の動物**
776 **usage** [発] [júːsɪdʒ] ユーセッヂ				[名] **（使）用法**；語法；習慣
777 **fortune** [fɔ́ːrtʃən] ふォーチュン				[名] **財産**；幸運；運命
778 **correlation** [kɔ̀(ː)rəléɪʃən] コ(ー)レれイション				[名] **相互関係，相関（関係）**
779 **artistic** [ɑːrtístɪk] アーティスティック				[形] **芸術的な**
780 **literary** [lítərèri] リテレリィ				[形] **文学の**；文語の

② 記憶から引き出す

意味	ID	単語を書こう	意味	ID	単語を書こう
名 公正，正義	769		形 芸術的な	779	
名 液体	766		名 警備員	761	
名 財産	777		名 相互関係，相関（関係）	778	
名 指針，ガイドライン	770		名 （社会・経済などの）部門，セクター	772	
名 不平等	767		名 （生物の）組織	765	
名 霊長目の動物	775		形 文学の	780	
名 離婚	764		名 氷河	774	
名 プラットフォーム	771		名 （試合・論争などの）相手	762	
名 偏見	768		名 ちらっと見ること	763	
名 （使）用法	776		名 チャンネル	773	

③ Drill 38 の復習テスト

✔	単語 なぞって書く	ID	意味を書こう	✔	単語 なぞって書く	ID	意味を書こう
	license	745			motor	748	
	profession	750			literacy	742	
	heritage	743			session	758	
	layer	747			elite	746	
	row	755			haven	754	
	mission	744			globe	753	
	sacrifice	756			protein	749	
	contest	760			means	757	
	wisdom	741			agent	752	
	editor	751			league	759	

忘れていた単語は，p.102 の My Word List へ ⒼⓄ▶

単語	1回目 意味を確認して単語を書く	2回目 発音しながら単語を書く	3回目 意味に合う単語を書く	意味
781 **classic** [klǽsɪk] ク**ら**スィック				形 **第一級の**：典型的な；定番の　名 名作，名著，古典；典型的な物
782 **liberal** [líbərəl] **リ**ベラる				形 **自由主義の**：寛大な；一般教養の
783 **concrete** [kɑ(:)nkríːt] カ(ー)ンク**リ**ート				形 **具体的な**：有形の　名 アク注 コンクリート
784 **slight** [slaɪt] ス**ら**イト				形 **わずかな**：取るに足らない
785 **federal** [fédərəl] **ふェ**デラる				形 **連邦(政府)の**
786 **primitive** 発 [prímətɪv] プ**リ**ミティヴ				形 **原始的な**：未開の
787 **unfamiliar** [ʌnfəmíljər] アンふァ**ミ**リャ				形 **不慣れな**：(よく)知られていない
788 **subtle** 発 [sʌ́tl] **サ**トゥる				形 **微妙な**：(気体などが)希薄な
789 **plain** [pleɪn] プ**れ**イン				形 **明らかな**：平易な；飾りのない；率直な　名 〔しばしば〜s〕平野，平原
790 **marine** アク [məríːn] マ**リ**ーン				形 **海の**：船舶の　名 海兵隊員
791 **apparent** 発 [əpǽrənt] ア**パ**レント				形 **明白な**：一見〜らしい
792 **reluctant** [rɪlʌ́ktənt] リ**ら**クタント				形 **気が進まない, 嫌がる**
793 **temporary** [témpərèri] **テ**ンポレリィ				形 **一時的な**
794 **guilty** 発 [gílti] **ギ**るティ				形 **罪悪感のある**：有罪の
795 **royal** [rɔ́ɪəl] **ロ**イアる				形 **王の**
796 **pure** [pjʊər] **ピュ**ア				形 **純粋な**：潔白な；まったくの
797 **incredible** [ɪnkrédəbl] インク**レ**ディブる				形 **信じられない**：すばらしい
798 **eager** [íːgər] **イ**ーガァ				形 **熱望して**：熱心な
799 **adequate** 発 アク [ǽdɪkwət] **ア**ディクウェット				形 **十分な**：適切な
800 **via** 発 [váɪə] **ヴァ**イア				前 **〜経由で**：〜の媒介で

❷ 記憶から引き出す

意味	ID	単語を書こう
形 原始的な	786	
形 純粋な	796	
形 連邦(政府)の	785	
形 わずかな	784	
形 具体的な	783	
形 罪悪感のある	794	
形 自由主義の	782	
形 海の	790	
形 王の	795	
形 明白な：一見～らしい	791	

意味	ID	単語を書こう
形 十分な	799	
形 一時的な	793	
形 信じられない	797	
前 ～経由で	800	
形 明らかな：平易な	789	
形 不慣れな	787	
形 微妙な	788	
形 第一級の	781	
形 気が進まない，嫌がる	792	
形 熱望して	798	

❸ Drill **39**の復習テスト

✓	単語 なぞって書く	ID	意味を書こう
	prejudice	768	
	primate	775	
	divorce	764	
	sector	772	
	literary	780	
	glance	763	
	inequality	767	
	artistic	779	
	platform	771	
	tissue	765	

✓	単語 なぞって書く	ID	意味を書こう
	liquid	766	
	usage	776	
	glacier	774	
	opponent	762	
	justice	769	
	correlation	778	
	channel	773	
	guideline	770	
	guard	761	
	fortune	777	

忘れていた単語は，p.102 の My Word List へ **GO**

My Word List　Drill 35 〜 39
〜覚えていなかった単語〜

単語	意味

単語	意味

最低「5回」は書いて絶対に覚えよう！

Part 2   Section 9

単語	1回目 意味を確認して単語を書く	2回目 発音しながら単語を書く	3回目 意味に合う単語を書く	意味
801 **assess** [əsés] アセス				動 を**評価する**；を査定する
802 **approve** [əprú:v] アプルーヴ				動 **賛成する**；を承認する
803 **remark** [rɪmɑ́:rk] リマーク				動 と**述べる**；意見を述べる 名 意見；発言
804 **pose** [pouz] ポウズ				動 (危険)を**引き起こす**；(問題など)を提起する；ポーズをとる 名 ポーズ；見せかけ
805 **yield** [ji:ld] イーるド				動 を**もたらす**；を譲る；屈する 名 産出(物)；生産高；配当率
806 **exhibit** [ɪgzíbət] イグ**ズィ**ビット				動 を**示す，見せる**；を展示する 名 展示品；米 展覧会
807 **distribute** [dɪstríbjət] ディストゥ**リ**ビュト				動 を**分配する**；(受身形で)分布する
808 **command** [kəmǽnd] コマンド				動 を**命じる**；を指揮する；(景色)を見渡せる 名 命令；指揮(権)
809 **occupy** [ɑ́(:)kjupàɪ] **ア**(ー)キュパイ				動 (空間・時間)を**占める**；を占領する
810 **pop** [pɑ(:)p] **パ**(ー)ップ				動 **ひょいと動く**；不意に現れる 名 ポンという音 形 通俗的な，大衆向けの
811 **pile** [paɪl] パイる				動 を**積み重ねる**；積み重なる 名 積み重ねた山；大量
812 **greet** [gri:t] グリート				動 に**挨拶する**；を迎える
813 **apologize** [əpɑ́(:)lədʒàɪz] アパ(ー)ろ**ヂャ**イズ				動 **謝る**；弁明する
814 **frustrate** [frʌ́streɪt] ふ**ラ**ストゥレイト				動 を**いら立たせる**；(計画・希望など)を挫折させる
815 **relieve** [rɪlí:v] リリーヴ				動 を**和らげる**；(受身形で)安心する；を解放する
816 **derive** [dɪráɪv] ディライヴ				動 **由来する**；を引き出す；を推論する
817 **deserve** [dɪzə́:rv] ディ**ザ**～ヴ				動 に**値する**
818 **peer** [pɪər] ピア				動 **じっと見る** 名 同輩；仲間；貴族
819 **defeat** [dɪfí:t] ディふィート				動 を**負かす**；を失敗させる 名 敗北；打破；失敗
820 **convert** [kənvə́:rt] コン**ヴァ**～ト				動 を**変える**；を改宗 [転向] させる；を交換する 名 改宗者，転向者

② 記憶から引き出す

意味	ID	単語を書こう
動 を和らげる	815	
動 と述べる	803	
動 を示す, 見せる	806	
動 に挨拶する	812	
動 ひょいと動く	810	
動 じっと見る	818	
動 を評価する	801	
動 由来する	816	
動 謝る	813	
動 に値する	817	

意味	ID	単語を書こう
動 賛成する	802	
動 を負かす	819	
動 を命じる	808	
動 をいら立たせる	814	
動 を変える	820	
動 を積み重ねる	811	
動 を分配する	807	
動 (空間・時間)を占める	809	
動 (危険)を引き起こす	804	
動 をもたらす	805	

③ Drill 40 の復習テスト

✔	単語 なぞって書く	ID	意味を書こう
	marine	790	
	federal	785	
	guilty	794	
	plain	789	
	primitive	786	
	reluctant	792	
	slight	784	
	subtle	788	
	concrete	783	
	via	800	

✔	単語 なぞって書く	ID	意味を書こう
	pure	796	
	royal	795	
	unfamiliar	787	
	liberal	782	
	incredible	797	
	temporary	793	
	apparent	791	
	eager	798	
	adequate	799	
	classic	781	

忘れていた単語は, p.114 の My Word List へ GO →

1 書いて記憶 [単語番号：821 ～ 840]

学習日：　　月　　日

単語	1回目 意味を確認して単語を書く	2回目 発音しながら単語を書く	3回目 意味に合う単語を書く	意味
821 **wed** [wed] ウェド				[動] と結婚する；を結婚させる
822 **delight** [dɪláɪt] ディらイト				[動] を喜ばせる；大いに喜ぶ [名] 大喜び，楽しみ；喜びを与えるもの
823 **boost** [buːst] ブースト				[動] を押し上げる；を増加させる [名] 押し上げること，高めること；励まし
824 **endure** [ɪndjúər] インデュア				[動] に耐える；(に)持ちこたえる
825 **correspond** [kɔ̀(ː)rəspá(ː)nd] コ(ー)レスパ(ー)ンド				[動] 一致する；相当する；文通する
826 **impose** [ɪmpóuz] インポウズ				[動] を課す；を押しつける
827 **rescue** [réskjuː] レスキュー				[動] を救う [名] 救助，救出
828 **resolve** [発] [rɪzá(ː)lv] リザ(ー)るヴ				[動] を解決する；を決意する；を議決する
829 **register** [ア] [rédʒɪstər] レヂスタァ				[動] を記録する，登録する；(～に)登録する(for) [名] 登録；名簿；レジ
830 **interrupt** [発] [ア] [ìntərʌ́pt] インタラプト				[動] を中断させる；(の)邪魔をする
831 **rid** [rɪd] リッド				[動] から取り除く，除去する
832 **prohibit** [prouhíbət] プロウヒビット				[動] を禁止する
833 **compose** [kəmpóuz] コンポウズ				[動] を構成する；を創作する；を鎮静する
834 **misunderstand** [mìsʌndərstǽnd] ミサンダスタンド				[動] (を)誤解する
835 **punish** [pʌ́nɪʃ] パニッシ				[動] を罰する；に損傷を与える
836 **ruin** [発] [rúːɪn] ルーイン				[動] をだめにする；を破滅させる；破滅する [名] 破滅；(～s)廃墟[はいきょ]
837 **defend** [dɪfénd] ディふェンド				[動] を防御する；を弁護する
838 **embrace** [ɪmbréɪs] インブレイス				[動] を受け入れる；(を)抱擁する；を包含する [名] 受諾，受け入れ；抱擁
839 **modify** [má(ː)dɪfàɪ] マ(ー)ディふァイ				[動] を修正する；を緩和する
840 **qualify** [kwá(ː)lɪfàɪ] クワ(ー)りふァイ				[動] (人)に資格を与える；資格がある

2 記憶から引き出す

意味	ID	単語を書こう
動 を修正する	839	
動 一致する	825	
動 を罰する	835	
動 を禁止する	832	
動 を防御する	837	
動 を記録する, 登録する	829	
動 を救う	827	
動 に耐える	824	
動 を受け入れる	838	
動 を解決する	828	

意味	ID	単語を書こう
動 を喜ばせる	822	
動 (を)誤解する	834	
動 を押し上げる	823	
動 を構成する	833	
動 と結婚する	821	
動 (人)に資格を与える	840	
動 を課す	826	
動 を中断させる	830	
動 をだめにする	836	
動 から取り除く, 除去する	831	

3 Drill 41 の復習テスト

✓	単語 なぞって書く	ID	意味を書こう
	yield	805	
	pile	811	
	exhibit	806	
	pose	804	
	peer	818	
	remark	803	
	relieve	815	
	derive	816	
	distribute	807	
	apologize	813	

✓	単語 なぞって書く	ID	意味を書こう
	greet	812	
	command	808	
	approve	802	
	assess	801	
	deserve	817	
	pop	810	
	frustrate	814	
	defeat	819	
	convert	820	
	occupy	809	

忘れていた単語は, p.114 の My Word List へ **GO**

単語	1回目 意味を確認して単語を書く	2回目 発音しながら単語を書く	3回目 意味に合う単語を書く	意味
841 **passion** [pǽʃən] パション				名 **情熱**；熱中；激怒
842 **enthusiasm** ⑦[ɪnθjúːziæzm] インす(ュ)ーズィアズム				名 **熱情，熱意**
843 **phase** 発[feɪz] ふェイズ				名 **段階，局面**；側面 動 〔通例受身形で〕段階的に実行される
844 **mode** [moʊd] モウド				名 **方式**；気分；形態；流行
845 **span** [spæn] スパン				名 **期間**；範囲 動 にわたる，及ぶ
846 **gravity** [grǽvəti] グラヴィティ				名 **重力，引力**；重量；重大さ
847 **orbit** ⑦[ɔ́ːrbət] オービット				名 **軌道**；(活動・勢力などの)範囲 動 の周りを回る；軌道を回る
848 **asteroid** ⑦[ǽstərɔɪd] アステロイド				名 **小惑星**；ヒトデ
849 **core** [kɔːr] コー				名 **核心**；芯
850 **soul** 発[soʊl] ソウる				名 **精神**；魂，霊魂；生気
851 **nerve** 発[nəːrv] ナ〜ヴ				名 **神経**；(~s)神経過敏；度胸
852 **infection** [ɪnfékʃən] インふェクション				名 **感染(症)**
853 **mall** [mɔːl] モーる				名 主に米 **モール，ショッピングセンター**
854 **grocery** [gróʊsəri] グロウサリィ				名 (~ies)**食料雑貨**；食料雑貨店
855 **humor** [hjúːmər] ヒューマァ				名 **ユーモア**；気分，機嫌；気質
856 **instinct** ⑦[ínstɪŋkt] インスティンクト				名 **本能**；勘，直感；(自然に起こる)衝動
857 **faith** [feɪθ] ふェイす				名 **信頼**；信仰(心)
858 **courage** 発⑦[kə́ːrɪdʒ] カ〜レッヂ				名 **勇気**
859 **incentive** [ɪnséntɪv] インセンティヴ				名 **動機(づけ)**；報奨金 形 駆り立てる；励みになる
860 **prospect** [prɑ́(ː)spekt] プラ(ー)スペクト				名 **見込み**；(~s)(未来への)展望；有望な人

2 記憶から引き出す

意味	ID	単語を書こう
名 熱情, 熱意	842	
名 勇気	858	
名 神経	851	
名 期間	845	
名 動機(づけ)	859	
名 方式	844	
名 重力, 引力	846	
名 食料雑貨	854	
名 核心	849	
名 軌道	847	

意味	ID	単語を書こう
名 主に米 モール, ショッピングセンター	853	
名 小惑星	848	
名 本能	856	
名 精神	850	
名 ユーモア	855	
名 信頼	857	
名 感染(症)	852	
名 段階, 局面	843	
名 情熱	841	
名 見込み	860	

3 Drill 42 の復習テスト

✓	単語 なぞって書く	ID	意味を書こう
	prohibit	832	
	boost	823	
	embrace	838	
	qualify	840	
	modify	839	
	ruin	836	
	correspond	825	
	compose	833	
	impose	826	
	wed	821	

✓	単語 なぞって書く	ID	意味を書こう
	register	829	
	delight	822	
	resolve	828	
	misunderstand	834	
	rescue	827	
	interrupt	830	
	punish	835	
	endure	824	
	rid	831	
	defend	837	

忘れていた単語は, p.114 の My Word List へ GO▶

単語	1回目 意味を確認して単語を書く	2回目 発音しながら単語を書く	3回目 意味に合う単語を書く	意味
861 **obstacle** [á(:)bstəkl] ア(ー)ブスタクる				名 障害(物)
862 **architecture** [á:rkətèktʃər] アーキテクチャ				名 建築；建築様式；構造
863 **stem** [stem] ステム				名 (草木の)茎, 幹 動 生じる, 由来する
864 **illusion** [ɪlú:ʒən] イるージョン				名 錯覚, 思い違い；幻想
865 **discrimination** [dɪskrìmɪnéɪʃən] ディスクリミネイション				名 差別；区別
866 **shame** [ʃeɪm] シェイム				名 恥；残念なこと 動 (人)を恥じ入らせる, 気恥ずかしくさせる
867 **drought** [draʊt] ドゥラウト				名 干ばつ；(慢性的な)不足
868 **flavor** [fléɪvər] ふれイヴァ				名 風味；特色 動 に風味をつける；に趣を与える
869 **portion** [pó:rʃən] ポーション				名 部分；1人前；割り当て
870 **recipe** [rèsəpi] レスィピィ				名 調理法, レシピ；手順；秘訣 [こつ]
871 **luxury** [lʌ́gʒəri] らグジュリィ				名 ぜいたく(品)；[形容詞的に]豪華な
872 **chip** [tʃɪp] チップ				名 小片, 破片；欠けた箇所；集積回路 動 (物の表面・縁など)を欠く；を削り取る
873 **ritual** [rítʃuəl] リチュアる				名 儀式；(日常の)習慣的行為 形 儀式の；儀式的な
874 **sake** [seɪk] セイク				名 (for the 〜 of で)のために, の目的で；に免じて
875 **prefecture** [prí:fektʃər] プリーふェクチャ				名 (日本の)県, 府；(フランスなどの)県
876 **council** [káʊnsəl] カウンス(ィ)る				名 (地方)議会；評議会；(公の)会議
877 **administration** [ədministréɪʃən] アドミニストゥレイション				名 管理(部)；行政；政府(機関)
878 **curriculum** [kəríkjuləm] カリキュらム				名 教育課程, カリキュラム
879 **precious** [préʃəs] プレシャス				形 貴重な；高価な
880 **generous** [dʒénərəs] ヂェネラス				形 寛大な；気前のよい；豊富な

2 記憶から引き出す

意味	ID	単語を書こう
名 調理法，レシピ	870	
名 管理(部)	877	
名 (日本の)県，府	875	
名 障害(物)	861	
名 干ばつ	867	
形 貴重な	879	
名 のために，の目的で	874	for the of
名 (地方)議会	876	
名 建築	862	
名 恥	866	

意味	ID	単語を書こう
名 儀式	873	
名 錯覚，思い違い	864	
名 ぜいたく(品)	871	
名 (草木の)茎，幹	863	
名 風味	868	
形 寛大な	880	
名 教育課程，カリキュラム	878	
名 差別	865	
名 部分	869	
名 小片，破片	872	

3 Drill 43 の復習テスト

✓	単語 なぞって書く	ID	意味を書こう
	mode	844	
	gravity	846	
	grocery	854	
	mall	853	
	span	845	
	faith	857	
	phase	843	
	asteroid	848	
	enthusiasm	842	
	nerve	851	

✓	単語 なぞって書く	ID	意味を書こう
	soul	850	
	humor	855	
	orbit	847	
	courage	858	
	prospect	860	
	core	849	
	infection	852	
	passion	841	
	incentive	859	
	instinct	856	

忘れていた単語は，p.114 の My Word List へ GO▶

単語	1回目 意味を確認して単語を書く	2回目 発音しながら単語を書く	3回目 意味に合う単語を書く	意味
881 **casual** 発 [kǽʒuəl] キャジュアる				形 **何気ない**：形式ばらない
882 **optimistic** [à(ː)ptɪmístɪk] ア(ー)プティミスティック				形 **楽観的な**
883 **rough** 発 [rʌf] ラふ				形 **粗い**：大まかな；乱暴な 副 手荒く
884 **unpleasant** 発 [ʌnplézənt] アンプれズント				形 **不愉快な**：不親切な，無礼な
885 **Arctic** [áːrktɪk] アークティック				形 **北極の** 名 (the 〜)北極(圏)
886 **ultimate** 発 [ʌ́ltɪmət] アるティメット				形 **究極の**
887 **deaf** 発 [def] デふ				形 **耳が聞こえない**
888 **genuine** 発 [dʒénjuɪn] チェニュイン				形 **本物の**：偽りのない
889 **manual** アク [mǽnjuəl] マニュアる				形 **体[手]を使う**：手の；手動式の 名 説明書，マニュアル
890 **mechanical** [mɪkǽnɪkəl] ミキャニカる				形 **機械の**：機械的な
891 **instant** アク [ínstənt] インスタント				形 **即時の，すぐの**：即席の 名 一瞬，瞬時；瞬間 副 直ちに，すぐに
892 **spare** [speər] スペア				形 **余分の，予備の** 名 予備品，スペア 動 を割く；を省く
893 **immune** [ɪmjúːn] イミューン				形 **免疫を持つ**：免れた
894 **harsh** [hɑːrʃ] ハーシ				形 **厳しい**：(光・色・味などが)不快な
895 **collective** [kəléktɪv] コれクティヴ				形 **集団の，共同の** 名 集合体，共同体
896 **inevitable** 発 アク [ɪnévətəbl] イネヴィタブる				形 **避けられない**
897 **profound** [prəfáund] プロふァウンド				形 **重大な**：深い；難解な
898 **steady** 発 [stédi] ステディ				形 **着実な，一定の**：安定した　動 を安定させる 名 決まった恋人
899 **mature** 発 [mətʃúər] マチュア				形 **成熟した**：熟した 動 を熟させる
900 **likewise** [láɪkwàɪz] らイクワイズ				副 **同様に**

2 記憶から引き出す

意味	ID	単語を書こう	意味	ID	単語を書こう
形 何気ない	881		形 即時の，すぐの	891	
形 機械の	890		形 粗い	883	
形 成熟した	899		形 究極の	886	
形 北極の	885		形 体[手]を使う	889	
形 集団の，共同の	895		副 同様に	900	
形 余分の，予備の	892		形 不愉快な	884	
形 厳しい	894		形 避けられない	896	
形 楽観的な	882		形 免疫を持つ	893	
形 着実な，一定の	898		形 本物の	888	
形 耳が聞こえない	887		形 重大な	897	

3 Drill44の復習テスト

✓	単語 なぞって書く	ID	意味を書こう	✓	単語 なぞって書く	ID	意味を書こう
	drought	867			obstacle	861	
	stem	863			portion	869	
	administration	877			council	876	
	flavor	868			architecture	862	
	generous	880			recipe	870	
	luxury	871			prefecture	875	
	shame	866			precious	879	
	ritual	873			chip	872	
	sake	874			illusion	864	
	discrimination	865			curriculum	878	

忘れていた単語は，p.114 の My Word List へ **Go ▶**

My Word List　Drill 40 ～ 44
〜覚えていなかった単語〜

単語	意味

単語	意味

最低「5回」は書いて絶対に覚えよう！

Part 2 Section 10

単語	1回目 意味を確認して単語を書く	2回目 発音しながら単語を書く	3回目 意味に合う単語を書く	意味
901 **chase** [tʃeɪs] **チェイス**				動 (を)**追跡する**；(を)追求する 名 追跡；追求
902 **sue** [sjuː] **ス(ュ)ー**				動 を**告訴する**；訴訟を起こす
903 **gaze** [geɪz] **ゲイズ**				動 **じっと見る** 名 凝視；(見つめる)視線
904 **slip** [slɪp] **スリップ**				動 **滑る**；滑り落ちる；そっと動く　名 滑ること；ちょっとしたミス；紙片
905 **load** [loʊd] **ろウド**				動 に**積む**；に負わせる 名 (積み)荷；重荷；負担；負荷
906 **overwhelm** ⑦[òʊvərhwélm] オウヴァ(フ)**ウェ**るム				動 を**圧倒する**；を(精神的に)打ちのめす
907 **wander** ⑨[wá(:)ndər] **ワ**(ー)ンダァ				動 **歩き回る**；それる；はぐれる
908 **float** [floʊt] ふ**ろウト**				動 **漂う，浮かぶ**；を浮かべる 名 浮くもの；浮き；ブイ
909 **pour** ⑨[pɔːr] **ポー**				動 を**注ぐ**；激しく降る；押し寄せる
910 **substitute** ⑦[sʌ́bstɪtjùːt] **サ**ブスティテュート				動 を**代わりに使う**；代理をする　名 代理，代用品 形 代理の，代用の
911 **pronounce** ⑨⑦[prənáʊns] プロ**ナ**ウンス				動 を**発音する**；を宣言する
912 **shrink** [ʃrɪŋk] **シリンク**				動 **縮む，縮小する**；減少する；ひるむ
913 **restore** [rɪstɔ́ːr] リス**トー**				動 を**回復させる**；を修復する
914 **trigger** [trígər] トゥ**リ**ガァ				動 を**引き起こす**；のきっかけとなる 名 引き金；誘因
915 **grab** [græb] グ**ラ**ブ				動 を**つかむ**；を横取りする；を急いで食べる 名 引っつかむこと；略奪(物)
916 **retain** [rɪtéɪn] リ**テ**イン				動 を**保持する**；を覚えている
917 **reproduce** [rìːprədjúːs] リープロ**デュ**ース				動 を**複製する**；を繁殖させる；繁殖する
918 **bob** [bɑ(ː)b] **バ**(ー)ップ				動 **上下に動く**；急に動く；を上下に動かす　名 ひょいと動く動作；ボブ(髪型)
919 **entertain** ⑦[èntərtéɪn] エンタ**テ**イン				動 を**楽しませる**；をもてなす
920 **interfere** ⑨⑦[ìntərfíər] インタ**ふィ**ア				動 **干渉する，介入する**；邪魔する

2 記憶から引き出す

意味	ID	単語を書こう
動 を保持する	916	
動 を注ぐ	909	
動 上下に動く	918	
動 を引き起こす	914	
動 を楽しませる	919	
動 滑る	904	
動 を複製する	917	
動 (を)追跡する	901	
動 を代わりに使う	910	
動 を告訴する	902	

意味	ID	単語を書こう
動 漂う，浮かぶ	908	
動 干渉する，介入する	920	
動 をつかむ	915	
動 を圧倒する	906	
動 を回復させる	913	
動 に積む	905	
動 じっと見る	903	
動 縮む，縮小する	912	
動 を発音する	911	
動 歩き回る	907	

3 Drill 45 の復習テスト

✓	単語 なぞって書く	ID	意味を書こう
	mature	899	
	rough	883	
	casual	881	
	harsh	894	
	ultimate	886	
	optimistic	882	
	manual	889	
	steady	898	
	unpleasant	884	
	genuine	888	

✓	単語 なぞって書く	ID	意味を書こう
	immune	893	
	instant	891	
	inevitable	896	
	profound	897	
	spare	892	
	collective	895	
	likewise	900	
	Arctic	885	
	deaf	887	
	mechanical	890	

忘れていた単語は，p.126 の My Word List へ **GO▶**

Drill 47 **1 書いて記憶** [単語番号：921 ～ 940]

学習日：　　月　　日

単語	1回目 意味を確認して単語を書く	2回目 発音しながら単語を書く	3回目 意味に合う単語を書く	意味
921 **cultivate** [kʌ́ltɪvèɪt] カるティヴェイト				[動] を養う；を耕す；を栽培する
922 **underlie** [ʌ̀ndərláɪ] アンダらイ				[動] の根底にある
923 **anticipate** [ア][æntísɪpèɪt] アンティスィペイト				[動] を予期する；楽しみに待つ
924 **justify** [dʒʌ́stɪfàɪ] ヂャスティふァイ				[動] を正当化する
925 **regulate** [régjəlèɪt] レギュれイト				[動] を規制する；を調整する
926 **scan** [skæn] スキャン				[動] を走査［スキャン］する；をざっと見る；を注意深く調べる　[名] 精査，走査
927 **classify** [klǽsɪfàɪ] クらスィふァイ				[動] を分類する；を機密扱いにする
928 **submit** [ア][səbmít] サブミット				[動] を提出する；(submit *oneself* で) 従う
929 **pause** [発][pɔːz] ポーズ				[動] (一時的に)中止する；(一瞬)立ち止まる　[名] (一時的な)中止，休止；途切れ
930 **lean** [liːn] りーン				[動] 傾く；寄りかかる；をもたせかける [名] 傾向；傾斜
931 **bump** [bʌmp] バンプ				[動] ぶつかる；をぶつける [名] 衝突；でこぼこ
932 **fold** [fould] ふォウるド				[動] を折り畳む；(両腕)を組む；(折り)畳める [名] 折り重ねた部分；畳み目
933 **hesitate** [hézɪtèɪt] ヘズィテイト				[動] 躊躇［ちゅうちょ］する，ためらう
934 **pump** [発][pʌmp] パンプ				[動] (液体・気体)をポンプで送り込む；をくみ出す；を注ぎ込む　[名] ポンプ
935 **mount** [発][maunt] マウント				[動] を据えつける；に着手する；(自転車など)に乗る；増える　[名] 台紙；台
936 **exceed** [ア][ɪksíːd] イクスィード				[動] を超える；に勝る
937 **undergo** [ア][ʌ̀ndərgóu] アンダゴウ				[動] を経験する；(手術など)を受ける；に耐える
938 **confront** [kənfrʌ́nt] コンふラント				[動] に立ち向かう；(困難などが)に立ちはだかる
939 **consult** [ア][kənsʌ́lt] コンサるト				[動] (に)相談する；を参照する
940 **fulfill** [ア][fulfíl] ふるふィる				[動] を実現させる；を果たす；を満たす

2 記憶から引き出す

意味	ID	単語を書こう
動 を養う	921	
動 を規制する	925	
動 を正当化する	924	
動 に立ち向かう	938	
動 を実現させる	940	
動 を経験する	937	
動 (一時的に)中止する	929	
動 (に)相談する	939	
動 傾く	930	
動 を走査[スキャン]する	926	

意味	ID	単語を書こう
動 躊躇する, ためらう	933	
動 を提出する	928	
動 (液体・気体)をポンプで送り込む	934	
動 を分類する	927	
動 ぶつかる	931	
動 を超える	936	
動 を折り畳む	932	
動 の根底にある	922	
動 を据えつける	935	
動 を予期する	923	

3 Drill 46 の復習テスト

✔	単語 なぞって書く	ID	意味を書こう
	pour	909	
	reproduce	917	
	overwhelm	906	
	retain	916	
	gaze	903	
	bob	918	
	sue	902	
	trigger	914	
	chase	901	
	load	905	

✔	単語 なぞって書く	ID	意味を書こう
	wander	907	
	pronounce	911	
	float	908	
	entertain	919	
	shrink	912	
	grab	915	
	substitute	910	
	restore	913	
	interfere	920	
	slip	904	

忘れていた単語は, p.126 の My Word List へ **GO**

単語	1回目 意味を確認して単語を書く	2回目 発音しながら単語を書く	3回目 意味に合う単語を書く	意味
941 **privilege** 発 ア [prívəlɪdʒ] プリヴィれッヂ				名 特権，特典
942 **formation** [fɔːrméɪʃən] ふォーメイション				名 形成；構成(物)；隊列
943 **dimension** [dəménʃən] ディメンション				名 側面，局面；次元；寸法
944 **neuron** [njúərɑ(ː)n] ニュアラ(ー)ン				名 ニューロン，神経単位
945 **sensation** [senséɪʃən] センセイション				名 感覚；大評判
946 **chart** [tʃɑːrt] チャート				名 図，グラフ；海図；ヒットチャート 動 を図表化する；の計画を立てる
947 **geography** ア [dʒiá(ː)grəfi] ヂア(ー)グラふィ				名 [the 〜]地理；地理学
948 **panel** [pǽnəl] パヌる				名 (専門家の)一団；討論者一同；羽目板
949 **semester** ア [səméstər] セメスタァ				名 主に米 (2学期制の)学期
950 **workforce** [wə́ːrkfɔ̀ːrs] ワークふォース				名 労働人口，総労働力；全従業員(数)
951 **mill** [mɪl] ミる				名 製造工場；製粉所；粉ひき機 動 を粉にする
952 **abuse** 発 [əbjúːs] アビュース				名 乱用；虐待 動 発 を乱用[悪用]する；を虐待する
953 **vice** [vaɪs] ヴァイス				名 (道徳上の)悪；欠点
954 **fate** [feɪt] ふェイト				名 運命；結末；最期
955 **tragedy** [trǽdʒədi] トゥラヂディ				名 悲劇(的な事態)
956 **scenario** [sənǽriòʊ] セナリオウ				名 (予想される)筋書き，事態；脚本
957 **allergy** 発 ア [ǽlərdʒi] アらヂィ				名 アレルギー
958 **wound** 発 [wuːnd] ウーンド				名 (銃弾・刃物などによる)傷；痛手 動 を傷つける；を害する
959 **antibiotic** [æ̀ntibaɪá(ː)tɪk] アンティバイア(ー)ティック				名 [通例〜s]抗生物質 形 抗生物質の
960 **vaccine** 発 [vǽksiːn] ヴァクスィーン				名 ワクチン

2 記憶から引き出す

意味	ID	単語を書こう	意味	ID	単語を書こう
名 乱用	952		名 運命	954	
名 形成	942		名 (専門家の)一団	948	
名 側面, 局面	943		名 製造工場	951	
名 図, グラフ	946		名 ニューロン, 神経単位	944	
名 主に米 (2学期制の)学期	949		名 地理	947	
名 ワクチン	960		名 抗生物質	959	
名 感覚	945		名 労働人口, 総労働力	950	
名 悲劇(的な事態)	955		名 アレルギー	957	
名 (予想される)筋書き, 事態	956		名 (道徳上の)悪	953	
名 (銃弾・刃物などによる)傷	958		名 特権, 特典	941	

3 Drill 47 の復習テスト

✓	単語 なぞって書く	ID	意味を書こう	✓	単語 なぞって書く	ID	意味を書こう
	pump	934			lean	930	
	cultivate	921			justify	924	
	mount	935			confront	938	
	fold	932			bump	931	
	hesitate	933			submit	928	
	scan	926			consult	939	
	anticipate	923			exceed	936	
	classify	927			regulate	925	
	undergo	937			underlie	922	
	pause	929			fulfill	940	

忘れていた単語は, p.126 の My Word List へ GO▶

単語	1回目 意味を確認して単語を書く	2回目 発音しながら単語を書く	3回目 意味に合う単語を書く	意味
961 **metaphor** [métəfɔ̀(:)r] メタフォ (ー)				名 隠喩 [いんゆ]；比喩 [ひゆ]
962 **folk** 発 [fouk] ふォウク				名 人々；(~s) 皆さん；(one's ~s) 家族　形 民間伝承の；(音楽が)フォークの
963 **fare** [feər] ふェア				名 (乗り物の)料金 動 (well, badly などを伴って) (うまく[まずく])やっていく
964 **transition** [trænzíʃən] トゥランズィション				名 移り変わり；過渡期
965 **maximum** 発 [mǽksɪməm] マクスィマム				名 最大限 形 最大限の, 最高の 副 最大で
966 **galaxy** [gǽləksi] ギャらクスィ				名 星雲, 銀河；(the G~) 銀河系
967 **mineral** [mínərəl] ミネラる				名 鉱物；ミネラル 形 鉱物(質)の, 鉱物を含む
968 **skeleton** 発 [skélɪtən] スケれトゥン				名 骨格；骨組み；概略
969 **counterpart** [káuntərpɑ̀:rt] カウンタパート				名 相当する物[人]
970 **stroke** [strouk] ストゥロウク				名 脳卒中；(ボールを)打つこと；(雷などの)一撃 動 をなでる；(ボール)を打つ
971 **pedestrian** ア [pədéstriən] ペデストゥリアン				名 歩行者 形 歩行者の；徒歩の；平凡な
972 **trail** [treɪl] トゥレイる				名 (野山などの) 小道；跡；手がかり 動 を引きずる；の跡をたどる
973 **ecology** [ɪ(:)kálədʒi] イ (ー) カろヂィ				名 生態学；生態系；環境保護
974 **sibling** [síblɪŋ] スィブりング				名 きょうだい(の1人)
975 **ratio** 発 [réɪʃiòu] レイシオウ				名 比率
976 **mixture** [míkstʃər] ミクスチャ				名 混合(物)
977 **charm** [tʃɑ:rm] チャーム				名 魅力；お守り 動 を魅了する
978 **ambition** [æmbíʃən] アンビション				名 願望, 野望；野心
979 **prominent** [prá(:)mɪnənt] プラ (ー) ミネント				形 卓越した；目立つ
980 **radical** [rǽdɪkəl] ラディカる				形 急進的な；根本的な 名 急進主義者

② 記憶から引き出す

意味	ID	単語を書こう	意味	ID	単語を書こう
名 移り変わり	964		名 (乗り物の)料金	963	
名 最大限	965		名 脳卒中	970	
名 隠喩	961		名 願望，野望	978	
名 骨格	968		名 生態学	973	
名 (野山などの)小道	972		名 相当する物［人］	969	
名 歩行者	971		名 きょうだい（の1人）	974	
名 比率	975		名 混合(物)	976	
名 魅力	977		名 星雲，銀河	966	
形 急進的な	980		名 鉱物	967	
名 人々	962		形 卓越した	979	

③ Drill 48 の復習テスト

✓	単語 なぞって書く	ID	意味を書こう	✓	単語 なぞって書く	ID	意味を書こう
	geography	947			wound	958	
	dimension	943			abuse	952	
	semester	949			sensation	945	
	formation	942			tragedy	955	
	allergy	957			chart	946	
	mill	951			vaccine	960	
	vice	953			workforce	950	
	privilege	941			panel	948	
	scenario	956			fate	954	
	neuron	944			antibiotic	959	

忘れていた単語は，p.126 の My Word List へ ➡

単語	1回目 意味を確認して単語を書く	2回目 発音しながら単語を書く	3回目 意味に合う単語を書く	意味
981 **prompt** [prɑ(:)mpt] プラ(ー)ン(プ)ト				形 即座の，迅速な 動 を促す；を駆り立てる 副 瞬 (時間)きっかりに
982 **informal** [ɪnfɔ́ːrməl] インフォーマる				形 形式ばらない，略式 の；(言葉が)くだけた
983 **mutual** 発 [mjúːtʃuəl] ミューチュアる				形 相互の；共通の
984 **neutral** [njúːtrəl] ニュートゥラる				形 中立の；(特徴・表情な どが)はっきりしない 名 中立の人[国]
985 **alert** [əlɔ́ːrt] アら〜ト				形 警戒して；敏速な 名 警戒；警報 動 を警戒さ せる；に警報を出す
986 **magnetic** [mægnétɪk] マグネティック				形 磁気の；磁石の；人を引 きつける
987 **polar** [póulər] ポウラァ				形 極地の；電極の
988 **fluent** [flúːənt] ふるーエント				形 流ちょうな
989 **external** [ɪkstɔ́ːrnəl] イクスタ〜ヌる				形 外部の；対外的な
990 **passive** [pǽsɪv] パスィヴ				形 受動的な；消極的な
991 **awful** 発 [ɔ́ːfəl] オーふる				形 ひどい；嫌な；ものすご い
992 **unrelated** [ʌ̀nrɪléɪtɪd] アンリれイティッド				形 無関係の；血縁関係がな い
993 **cruel** [krúːəl] クルーエる				形 残酷な；むごい
994 **fake** [feɪk] ふェイク				形 偽[⛄]の；見せかけだけの 動 を偽造する；のふりをする 名 偽物
995 **vulnerable** 発 [vʌ́lnərəbl] ヴァるネラブる				形 (攻撃などに)弱い，も ろい；傷つきやすい
996 **urgent** 発 [ɔ́ːrdʒənt] ア〜ヂェント				形 緊急の
997 **spiritual** [spírɪtʃuəl] スピリチュアる				形 精神の；霊的な
998 **modest** [mɑ́(:)dəst] マ(ー)デスト				形 謙虚な；適度な；質素な
999 **keen** [kiːn] キーン				形 熱心な；鋭敏な；(感情・ 関心などが)強い
1000 **nonetheless** アク [nʌ̀nðəlés] ナンざれス				副 それにもかかわらず， それでもなお

▶2 記憶から引き出す

意味	ID	単語を書こう
形 （攻撃などに）弱い，もろい	995	
形 流ちょうな	988	
形 受動的な	990	
形 ひどい	991	
形 極地の	987	
形 謙虚な	998	
形 警戒して	985	
副 それにもかかわらず，それでもなお	1000	
形 外部の	989	
形 残酷な	993	

意味	ID	単語を書こう
形 磁気の	986	
形 無関係の	992	
形 相互の	983	
形 中立の	984	
形 偽の	994	
形 形式ばらない，略式の	982	
形 緊急の	996	
形 熱心な	999	
形 即座の，迅速な	981	
形 精神の	997	

▶3 Drill 49 の復習テスト

✔	単語 なぞって書く	ID	意味を書こう
	ambition	978	
	galaxy	966	
	charm	977	
	ratio	975	
	maximum	965	
	radical	980	
	sibling	974	
	skeleton	968	
	stroke	970	
	mineral	967	

✔	単語 なぞって書く	ID	意味を書こう
	pedestrian	971	
	ecology	973	
	mixture	976	
	counterpart	969	
	transition	964	
	fare	963	
	folk	962	
	prominent	979	
	metaphor	961	
	trail	972	

忘れていた単語は，p.126 の My Word List へ **GO**▶

My Word List　Drill 45 ~ 49
~覚えていなかった単語~

単語	意味

単語	意味

最低「5回」は書いて絶対に覚えよう！

Part 2 Section 11

単語	1回目 意味を確認して単語を書く	2回目 発音しながら単語を書く	3回目 意味に合う単語を書く	意味
1001 **negotiate** 発[nɪɡóuʃièɪt] ニゴウシエイト				動 **交渉する**；を(交渉して)取り決める
1002 **grasp** [ɡræsp] グラスプ				動 **を把握[理解]する**；をしっかり握る 名 つかむこと；抱擁；把握
1003 **donate** [dóuneɪt] ドウネイト				動 **を寄付する**；(臓器・血液)を提供する
1004 **arrest** [ərést] アレスト				動 **を逮捕する**；を止める；(注意)を引く 名 逮捕；阻止
1005 **crack** [kræk] クラック				動 **ひびが入る**；にひびを入れる 名 割れ目；鋭い音
1006 **tap** [tæp] タップ				動 **を軽くたたく**；(液体)を出す；を盗聴する 名 軽くたたくこと[音]；栓，蛇口
1007 **split** [splɪt] スプリット				動 **を分割する**；を分担する；分裂する 名 分裂；裂け目；分け前
1008 **forecast** アク[fɔːrkæst] ふォーキャスト				動 **を予想[予測]する** 名 予想；予報
1009 **exclude** [ɪksklúːd] イクスクるード				動 **を除外する**
1010 **overlook** [òuvərlúk] オウヴァるック				動 **を見落とす**；を大目に見る；を見渡す
1011 **burst** [bəːrst] バ～スト				動 **破裂する**；突然始める 名 破裂；噴出
1012 **heal** [hiːl] ヒーる				動 **(人・傷など)を治す**；治る
1013 **forbid** [fərbíd] ふォビッド				動 **を禁じる**
1014 **install** [ɪnstɔ́ːl] インストーる				動 **をインストールする**；を設置する；を就任させる
1015 **diminish** [dɪmínɪʃ] ディミニッシ				動 **を減らす**；減少する
1016 **cite** [saɪt] サイト				動 **を引き合いに出す**；を引用する
1017 **quote** 発[kwout] クウォウト				動 **を引用する**；を引き合いに出す
1018 **dispute** アク[dɪspjúːt] ディスピュート				動 **に異議を唱える**；(を)議論する 名 議論；紛争
1019 **highlight** [háɪlàɪt] ハイらイト				動 **を目立たせる，強調する** 名 (催し物などの)見せ所，呼び物
1020 **distract** [dɪstrǽkt] ディストゥラクト				動 **(注意など)をそらす**

2 記憶から引き出す

意味	ID	単語を書こう	意味	ID	単語を書こう
動 を把握[理解]する	1002		動 をインストールする	1014	
動 を目立たせる, 強調する	1019		動 を軽くたたく	1006	
動 を引き合いに出す	1016		動 ひびが入る	1005	
動 を寄付する	1003		動 を除外する	1009	
動 を分割する	1007		動 (注意など)をそらす	1020	
動 破裂する	1011		動 を引用する	1017	
動 交渉する	1001		動 (人・傷など)を治す	1012	
動 を予想[予測]する	1008		動 を逮捕する	1004	
動 に異議を唱える	1018		動 を禁じる	1013	
動 を見落とす	1010		動 を減らす	1015	

3 Drill 50 の復習テスト

✔	単語 なぞって書く	ID	意味を書こう	✔	単語 なぞって書く	ID	意味を書こう
	external	989			neutral	984	
	fake	994			nonetheless	1000	
	mutual	983			informal	982	
	modest	998			unrelated	992	
	cruel	993			urgent	996	
	spiritual	997			prompt	981	
	vulnerable	995			fluent	988	
	polar	987			awful	991	
	magnetic	986			passive	990	
	keen	999			alert	985	

忘れていた単語は, p.138 の My Word List へ ＧＯ▶

単語	1回目 意味を確認して単語を書く	2回目 発音しながら単語を書く	3回目 意味に合う単語を書く	意味
1021 **cheat** [tʃiːt] **チート**				動 をだます；不正をする 名 ぺてん(師)；不正，カンニング
1022 **foster** [fɔ́(ː)stər] **ふァ**(ー)**スタァ**				動 をはぐくむ；を養育する；を心に抱く 形 養育の，育ての
1023 **obey** [oʊbéɪ] **オウベイ**				動 に従う；に服従する
1024 **bend** [bend] **ベンド**				動 を曲げる；を屈服させる；曲がる 名 湾曲部，カーブ
1025 **deprive** [dɪpráɪv] **ディプライヴ**				動 から(権利などを)奪う
1026 **govern** [ɡʌ́vərn] **ガヴァン**				動 (を)統治する，支配する
1027 **log** [lɔ(ː)ɡ] **ろ**(ー)**グ**				動 [log on で]ログオンする；を記録する 名 ログ，記録；丸太
1028 **transmit** [trænsmít] **トゥランスミット**				動 を伝える；(電波・信号など)を送る
1029 **bully** [búli] **ブリィ**				動 をいじめる；を脅[ぉど]す 名 いじめっ子
1030 **leap** [liːp] **リープ**				動 跳ぶ；さっと動く；急上昇する 名 跳躍；飛躍
1031 **astonish** [əstá(ː)nɪʃ] **アスタ**(ー)**ニッシ**				動 を驚かす
1032 **thrill** [θrɪl] **すリる**				動 をぞくぞくさせる：わくわくする 名 ぞくぞくする感じ，スリル
1033 **nod** [nɑ(ː)d] **ナ**(ー)**ッド**				動 うなずく；会釈する；うとうとする 名 軽い会釈；うなずき
1034 **bow** [baʊ] **バウ**				動 おじぎする：屈服する 名 おじぎ
1035 **blend** [blend] **ブれンド**				動 を混ぜる；を調和させる；溶け込む 名 混成，混合
1036 **complicate** [ká(ː)mpləkèɪt] **カ**(ー)**ンプリケイト**				動 を複雑にする
1037 **pitch** [pɪtʃ] **ピッチ**				動 を投げる；倒れる；縦揺れする 名 投球；(感情などの)程度；(音・声の)高低
1038 **persist** [pərsíst] **パスィスト**				動 続く；固執する
1039 **dedicate** [dédɪkèɪt] **デディケイト**				動 をささげる；を献呈する
1040 **equip** [ɪkwíp] **イクウィップ**				動 に備えつける

2 記憶から引き出す

意味	ID	単語を書こう
動 から（権利などを）奪う	1025	
動 続く	1038	
動 に備えつける	1040	
動 をはぐくむ	1022	
動 （を）統治する，支配する	1026	
動 に従う	1023	
動 を伝える	1028	
動 おじぎする	1034	
動 を混ぜる	1035	
動 を曲げる	1024	

意味	ID	単語を書こう
動 ログオンする	1027	on
動 をだます	1021	
動 を複雑にする	1036	
動 をいじめる	1029	
動 うなずく	1033	
動 を驚かす	1031	
動 をぞくぞくさせる	1032	
動 をささげる	1039	
動 を投げる	1037	
動 跳ぶ	1030	

3 Drill 51 の復習テスト

✓	単語 なぞって書く	ID	意味を書こう
	highlight	1019	
	donate	1003	
	burst	1011	
	negotiate	1001	
	overlook	1010	
	dispute	1018	
	arrest	1004	
	split	1007	
	heal	1012	
	distract	1020	

✓	単語 なぞって書く	ID	意味を書こう
	tap	1006	
	exclude	1009	
	quote	1017	
	diminish	1015	
	install	1014	
	grasp	1002	
	forbid	1013	
	cite	1016	
	forecast	1008	
	crack	1005	

忘れていた単語は，p.138 の My Word List へ GO→

Drill **53** **1** 書いて記憶 [単語番号：1041 ～ 1060]　　学習日：　　月　　日

単語	1回目 意味を確認して単語を書く	2回目 発音しながら単語を書く	3回目 意味に合う単語を書く	意味
1041 **premise** [発] [prémɪs] プレミス				[名] **前提**；[~s]（建物を含めた）構内，敷地 [動] を前提とする
1042 **input** [ア] [ínpʊ̀t] インプット				[名] **入力（情報），投入**；（情報・時間などの）提供 [動] （データなど）を入力する
1043 **merit** [mérət] メリット				[名] **利点**；功績；真価 [動] に値する
1044 **sympathy** [símpəθi] スィンパスィ				[名] **同情**；共感
1045 **compliment** [発] [ká(:)mpləmənt] カ(ー)ンプリメント				[名] **賛辞**；表敬 [動] [発別] を褒める
1046 **infrastructure** [ア] [ínfrəstrʌ̀ktʃər] インふラストゥラクチャ				[名] **インフラ，基本的施設**；（経済）基盤
1047 **ray** [reɪ] レイ				[名] **光線**；ひらめき，一筋の光明 [動] 光を放つ；（考えなどが）ひらめく
1048 **distress** [ア] [dɪstrés] ディストゥレス				[名] **苦悩**；苦痛；困窮 [動] を悩ます；を苦しめる
1049 **joint** [dʒɔɪnt] ヂョイント				[名] **関節**；接合（部） [形] 共同の [動] を接合する
1050 **expedition** [èkspədíʃən] エクスペディション				[名] **遠征（隊），探検（隊）**
1051 **adolescent** [ア] [æ̀dəlésənt] アドれスント				[名] **青年** [形] 青年期の，思春期の
1052 **shade** [ʃeɪd] シェイド				[名] **（日）陰**；色合い；日よけ；微妙な相違 [動] を日陰にする；に陰影をつける
1053 **jury** [dʒʊ́əri] ヂュ(ア)リィ				[名] **陪審（員団）**；審査員団
1054 **ethic** [éθɪk] エスィック				[名] **倫理，道徳**；[~s] 倫理[道徳]規範
1055 **penalty** [ア] [pénəlti] ペナるティ				[名] **（刑）罰**；罰金；ペナルティー
1056 **faculty** [fǽkəlti] ふァカるティ				[名] **能力，機能**；学部；教授陣
1057 **scheme** [発] [ski:m] スキーム				[名] **計画**；体系；陰謀 [動] をたくらむ
1058 **nutrition** [njutríʃən] ニュトゥリション				[名] **栄養（の摂取）**
1059 **particle** [pá:rtɪkl] パーティクる				[名] **（微）粒子**；ほんのわずか
1060 **molecule** [発] [ア] [má(:)lɪkjù:l] マ(ー)りキューる				[名] **分子**；微粒子

2 記憶から引き出す

意味	ID	単語を書こう
名 関節	1049	
名 光線	1047	
名 栄養（の摂取）	1058	
名 倫理，道徳	1054	
名 計画	1057	
名 （微）粒子	1059	
名 能力，機能	1056	
名 入力(情報)，投入	1042	
名 インフラ，基本的施設	1046	
名 前提	1041	

意味	ID	単語を書こう
名 苦悩	1048	
名 （刑）罰	1055	
名 （日）陰	1052	
名 分子	1060	
名 陪審（員団）	1053	
名 同情	1044	
名 遠征（隊），探検（隊）	1050	
名 青年	1051	
名 利点	1043	
名 賛辞	1045	

3 Drill 52 の復習テスト

✓	単語 なぞって書く	ID	意味を書こう
	obey	1023	
	astonish	1031	
	equip	1040	
	cheat	1021	
	govern	1026	
	complicate	1036	
	transmit	1028	
	bully	1029	
	foster	1022	
	thrill	1032	

✓	単語 なぞって書く	ID	意味を書こう
	nod	1033	
	leap	1030	
	blend	1035	
	bend	1024	
	dedicate	1039	
	deprive	1025	
	log	1027	
	persist	1038	
	bow	1034	
	pitch	1037	

忘れていた単語は，p.138 の My Word List へ **GO**

単語	1回目 意味を確認して単語を書く	2回目 発音しながら単語を書く	3回目 意味に合う単語を書く	意味
1061 **nationality** [næ̀ʃənǽləti] ナショナリティ				名 国籍；国民；国民性
1062 **poll** 発 [poul] ポウる				名 世論調査；投票(数) 動 (人)に世論調査を行う； (票数)を得る
1063 **clinic** [klínɪk] クリニック				名 診療所，クリニック； (病院内の)〜科
1064 **dementia** 発 [dɪménʃə] ディメンシャ				名 認知症
1065 **fatigue** 発 [fətíːg] ふァティーグ				名 疲労 動 を疲れさせる
1066 **dilemma** 発 [dɪlémə] ディれマ				名 ジレンマ，板ばさみ
1067 **queue** 発 [kjuː] キュー				名 英(順番を待つ)列 動 列に並ぶ；順番を待つ
1068 **curve** 発 [kəːrv] カ〜ヴ				名 (道路などの)カーブ； 曲線 動 を曲げる；曲がる
1069 **narrative** 発 [nǽrətɪv] ナラティヴ				名 物語，話；(小説の)叙述 部分，地の文 形 物語の；話術の
1070 **fingerprint** [fíŋgərprìnt] ふィンガプリント				名 指紋 動 の指紋をとる

1071 **file** [faɪl] ふァイる				名 ファイル；(書類の)とじ込 み 動 (書類など)をファイル する；(申請書など)を提出する
1072 **wilderness** 発 [wíldərnəs] ウィるダネス				名 荒野；(庭・町などの)放 置された部分
1073 **pesticide** [péstɪsàɪd] ペスティサイド				名 殺虫剤；除草剤
1074 **panic** [pǽnɪk] パニック				名 パニック(状態)；狼狽 [活] 動 うろたえる；をうろ たえさせる
1075 **fabric** [fǽbrɪk] ふァブリック				名 織物，布(地)；構造
1076 **fantasy** [fǽntəsi] ふァンタスィ				名 空想；幻想；幻想的作品 動 を空想する，思い描く
1077 **fancy** [fǽnsi] ふァンスィ				名 (気まぐれな)好み；空 想 動 を好む；を想像する 形 装飾的な；高級な；見事な
1078 **virtue** 発 [vɚːrtʃuː] ヴァ〜チュー				名 美徳；長所；効能
1079 **grateful** [gréɪtfəl] グレイトふル				形 感謝している
1080 **valid** [vǽlɪd] ヴァリッド				形 妥当な；有効な

❷ 記憶から引き出す

意味	ID	単語を書こう
名 美徳	1078	
名 空想	1076	
名 殺虫剤	1073	
名 (道路などの)カーブ	1068	
名 ジレンマ，板ばさみ	1066	
名 織物，布(地)	1075	
名 国籍	1061	
名 圏 (順番を待つ)列	1067	
形 妥当な	1080	
名 荒野	1072	

意味	ID	単語を書こう
名 パニック(状態)	1074	
名 物語，話	1069	
名 疲労	1065	
形 感謝している	1079	
名 認知症	1064	
名 診療所，クリニック	1063	
名 (気まぐれな)好み	1077	
名 世論調査	1062	
名 指紋	1070	
名 ファイル	1071	

❸ Drill 53 の復習テスト

✓	単語 なぞって書く	ID	意味を書こう
	compliment	1045	
	molecule	1060	
	input	1042	
	particle	1059	
	jury	1053	
	infrastructure	1046	
	premise	1041	
	joint	1049	
	shade	1052	
	merit	1043	

✓	単語 なぞって書く	ID	意味を書こう
	scheme	1057	
	nutrition	1058	
	adolescent	1051	
	faculty	1056	
	sympathy	1044	
	penalty	1055	
	ethic	1054	
	ray	1047	
	distress	1048	
	expedition	1050	

忘れていた単語は，p.138 の My Word List へ **GO**

1 書いて記憶 [単語番号：1081～1100] 学習日： 月 日

単語	1回目 意味を確認して単語を書く	2回目 発音しながら単語を書く	3回目 意味に合う単語を書く	意味
1081 **elaborate** ㋐[ɪlǽbərət] イ**ら**ボレット				形 **入念な**；凝った 動 《翻》を苦心して生み出す
1082 **moderate** 軍㋐[mά(:)dərət] **マ**(ー)デレット				形 **適度な**；穏健な 動 《翻》を和らげる，加減する；和らぐ
1083 **dynamic** ㋐[daɪnǽmɪk] ダイ**ナ**ミック				形 **活動的な，精力的な**；動的な
1084 **brave** [breɪv] ブ**レイ**ヴ				形 **勇敢な**；見事な 動 に勇敢に立ち向かう
1085 **brilliant** [bríljənt] ブ**リ**リャント				形 **すばらしい**；才能にあふれた；きらめく
1086 **tremendous** [trəméndəs] トゥレ**メ**ンダス				形 **途方もない，莫大[ばくだい]な**；すばらしい
1087 **oral** 軍[ɔ́:rəl] **オー**ラる				形 **口頭の**
1088 **innocent** [ínəsənt] **イ**ノスント				形 **無罪の**；無邪気な；無知の 名 無邪気な人；お人よし
1089 **subsequent** ㋐[sʌ́bsɪkwənt] **サ**ブスィクウェント				形 **その後の**
1090 **shallow** [ʃǽlou] **シャ**ろウ				形 **浅い**；浅薄な
1091 **indifferent** [ɪndífərənt] イン**ディ**ふァレント				形 **無関心な**
1092 **inferior** [ɪnfíəriər] イン**ふィ**(ア)リア				形 **より劣った**
1093 **awkward** 軍[ɔ́:kwərd] **オー**クワド				形 **気まずい**；ぎこちない；厄介な
1094 **obese** 軍[oubí:s] オウ**ビー**ス				形 **肥満した**
1095 **pregnant** [prégnənt] プ**レグ**ナント				形 **妊娠した**；満ちている
1096 **intimate** 軍[íntəmət] **イン**ティメット				形 **親密な**；密接な
1097 **medieval** 軍㋐[mì:dií:vəl] ミーディ**イー**ヴる				形 **中世の**；時代遅れの
1098 **sacred** 軍[séɪkrɪd] **セイ**クリッド				形 **神聖な**；宗教的な；厳粛な
1099 **simultaneously** 軍[sàɪməltéɪniəsli] サイマる**テイ**ニアスりィ				副 **同時に**；一斉に
1100 **versus** 軍[vɔ́:rsəs] **ヴァ**〜サス				前 《A versus Bで》**A 対 B**；A か B か

❷ 記憶から引き出す

意味	ID	単語を書こう
形 活動的な，精力的な	1083	
形 無罪の	1088	
形 気まずい	1093	
形 すばらしい	1085	
形 神聖な	1098	
形 中世の	1097	
形 勇敢な	1084	
形 無関心な	1091	
形 肥満した	1094	
形 途方もない，莫大な	1086	

意味	ID	単語を書こう
形 妊娠した	1095	
形 親密な	1096	
前 A 対 B	1100	A　　　　　B
形 入念な	1081	
形 より劣った	1092	
形 適度な	1082	
副 同時に	1099	
形 その後の	1089	
形 浅い	1090	
形 口頭の	1087	

❸ Drill 54 の復習テスト

✓	単語 なぞって書く	ID	意味を書こう
	virtue	1078	
	curve	1068	
	fantasy	1076	
	narrative	1069	
	pesticide	1073	
	file	1071	
	fabric	1075	
	fatigue	1065	
	queue	1067	
	panic	1074	

✓	単語 なぞって書く	ID	意味を書こう
	grateful	1079	
	valid	1080	
	fingerprint	1070	
	dementia	1064	
	clinic	1063	
	fancy	1077	
	nationality	1061	
	poll	1062	
	dilemma	1066	
	wilderness	1072	

忘れていた単語は，p.138 の My Word List へ **GO▶**

My Word List   Drill 50 ～ 54
〜覚えていなかった単語〜

単語	意味

単語	意味

単語	意味

最低「5回」は書いて絶対に覚えよう！

Part 2 Section 12

単語	1回目 意味を確認して単語を書く	2回目 発音しながら単語を書く	3回目 意味に合う単語を書く	意味
1101 **proceed** ⑦ [prəsí:d] プロ**スィ**ード				動 **進む，進行する**：続行する
1102 **orient** ④ [ɔ́:riènt] **オ**ーリエント				動 **(人)を慣らす**：〔受身形で〕(関心などが)向いている 名 〔網〕東洋　形 〔網〕東洋の
1103 **surf** [sə:rf] **サ**〜ふ				動 **(インターネット上の情報など)を見て回る** 名 打ち寄せる波
1104 **filter** [fíltər] **ふィ**るタァ				動 **をろ過する**：を取り除く 名 ろ過器[装置]；フィルター
1105 **bind** [baɪnd] **バ**インド				動 **を縛る**：を束縛する；を結び付ける
1106 **resort** [rɪzɔ́:rt] リ**ゾ**ート				動 **訴える，頼る** 名 頼ること：手段；リゾート地
1107 **reinforce** ④⑦ [ri:ɪnfɔ́:rs] リーインふォース				動 **を強化する**：を補強する
1108 **accumulate** [əkjú:mjʊlèɪt] ア**キュ**ーミュれイト				動 **を蓄積する，集める**：積もる
1109 **bet** [bet] **ベ**ット				動 **と確信する，断言する**：(金などを)かける 名 かけ(金)；見当，意見
1110 **advocate** ⑦ [ǽdvəkèɪt] **ア**ドヴォケイト				動 **を主張する**：を擁護する 名 〔網〕主張者；擁護者；弁護士
1111 **constitute** ⑦ [ká(:)nstətjù:t] **カ**(ー)ンスティテュート				動 **を構成する**：になる，に等しい
1112 **undertake** ⑦ [ʌ̀ndərtéɪk] アンダ**テ**イク				動 **を引き受ける**：を保証する；に着手する
1113 **grip** [grɪp] **グ**リップ				動 **を握る**：をとらえる 名 把握；支配(力)；制御；理解(力)
1114 **dismiss** ⑦ [dɪsmís] ディス**ミ**ス				動 **(意見など)を退ける**：を解雇する
1115 **fade** [feɪd] **ふェ**イド				動 **薄れる**：衰える
1116 **conceal** [kənsí:l] コン**スィ**ーる				動 **を隠す**：を秘密にする
1117 **chew** [tʃu:] **チュ**ー				動 **(を)かむ**：をかみ砕く 名 かむこと；一口
1118 **swallow** [swá(:)loʊ] ス**ワ**(ー)ろウ				動 **(を)飲み込む**：をうのみにする；に耐える　名 飲むこと；一飲み(の量)；ツバメ
1119 **seal** [si:l] **スィ**ーる				動 **を密閉する**：に封をする 名 (公)印，印鑑；封印
1120 **migrate** ④ [máɪgreɪt] **マ**イグレイト				動 **移住する**：(鳥などが)渡る

2 記憶から引き出す

意味	ID	単語を書こう
動 と確信する，断言する	1109	
動 (人)を慣らす	1102	
動 薄れる	1115	
動 を隠す	1116	
動 を握る	1113	
動 を引き受ける	1112	
動 訴える，頼る	1106	
動 を強化する	1107	
動 (インターネット上の情報など)を見て回る	1103	
動 を密閉する	1119	

意味	ID	単語を書こう
動 を蓄積する，集める	1108	
動 を縛る	1105	
動 (を)飲み込む	1118	
動 (を)かむ	1117	
動 (意見など)を退ける	1114	
動 を構成する	1111	
動 を主張する	1110	
動 をろ過する；を取り除く	1104	
動 進む，進行する	1101	
動 移住する	1120	

3 Drill 55 の復習テスト

✓	単語 なぞって書く	ID	意味を書こう
	sacred	1098	
	brave	1084	
	intimate	1096	
	simultaneously	1099	
	brilliant	1085	
	elaborate	1081	
	tremendous	1086	
	indifferent	1091	
	dynamic	1083	
	subsequent	1089	

✓	単語 なぞって書く	ID	意味を書こう
	obese	1094	
	medieval	1097	
	awkward	1093	
	inferior	1092	
	versus	1100	
	innocent	1088	
	shallow	1090	
	moderate	1082	
	oral	1087	
	pregnant	1095	

忘れていた単語は，p.150 の My Word List へ **GO**

1 書いて記憶 [単語番号：1121 ～ 1140]

学習日：　　月　　日

単語	1回目 意味を確認して単語を書く	2回目 発音しながら単語を書く	3回目 意味に合う単語を書く	意味
1121 **exaggerate** [アク] [ɪgzǽdʒərèɪt] イグザチャレイト				[動] (を)誇張する；を強調する
1122 **accuse** [əkjúːz] アキューズ				[動] を非難する；を告訴する
1123 **vanish** [アク] [vǽnɪʃ] ヴァニッシ				[動] 消える
1124 **polish** [発] [pá(ː)lɪʃ] パ(ー)リッシ				[動] を磨く；を洗練させる [名] 磨き粉；つや；洗練
1125 **wipe** [waɪp] ワイプ				[動] を拭[ふ]く；を拭き取る；を消し去る
1126 **sweep** [swiːp] スウィープ				[動] (を)掃く；を一掃する；さっと通過する [名] 掃除；一掃
1127 **mislead** [mìslíːd] ミスリード				[動] を誤解させる，欺く；(人)を間違った方向に導く
1128 **spoil** [spɔɪl] スポイる				[動] を台無しにする；を甘やかす；だめになる
1129 **compound** [アク] [kəmpáund] コンパウンド				[動] を悪化させる；を合成する [名] [発別] 化合物；合成物 [形] [発別] 合成の；混合の
1130 **explode** [ɪksplóud] イクスプろウド				[動] 爆発する；急増する；を論破する
1131 **disgust** [dɪsgʌ́st] ディスガスト				[動] をむかつかせる；に愛想を尽かせる [名] 嫌悪，反感
1132 **commute** [kəmjúːt] コミュート				[動] 通勤[通学]する [名] 通勤，通学
1133 **decorate** [発] [dékərèɪt] デコレイト				[動] を装飾する
1134 **postpone** [発] [アク] [pous*t*póun] ポウス(ト)ポウン				[動] を延期する
1135 **cease** [発] [siːs] スィース				[動] をやめる；終わる [名] 終止
1136 **compromise** [発] [アク] [kɑ́(ː)mprəmàɪz] カ(ー)ンプロマイズ				[動] 妥協する；を危うくする [名] 妥協(案)；折衷物
1137 **elect** [ɪlékt] イれクト				[動] を選出する
1138 **extract** [アク] [ɪkstrǽkt] イクストゥラクト				[動] を取り[搾り]出す；を抜粋する [名] [発別] 抽出物，エキス；抜粋
1139 **inherit** [ɪnhérət] インへリット				[動] を受け継ぐ；を相続する
1140 **rear** [発] [rɪər] リア				[動] (人・動物・植物)を育てる [名] [the ～]後部 [形] 後方の

2 記憶から引き出す

意味	ID	単語を書こう
動 を台無しにする	1128	
動 を拭く	1125	
動 を磨く	1124	
動 をむかつかせる	1131	
動 (人・動物・植物)を育てる	1140	
動 を誤解させる，欺く	1127	
動 妥協する	1136	
動 を非難する	1122	
動 を取り[搾り]出す	1138	
動 爆発する	1130	

意味	ID	単語を書こう
動 を悪化させる	1129	
動 をやめる	1135	
動 を選出する	1137	
動 (を)掃く	1126	
動 通勤[通学]する	1132	
動 (を)誇張する	1121	
動 を延期する	1134	
動 を装飾する	1133	
動 を受け継ぐ	1139	
動 消える	1123	

3 Drill 56 の復習テスト

✓	単語 なぞって書く	ID	意味を書こう
	orient	1102	
	bet	1109	
	constitute	1111	
	chew	1117	
	grip	1113	
	bind	1105	
	proceed	1101	
	dismiss	1114	
	resort	1106	
	seal	1119	

✓	単語 なぞって書く	ID	意味を書こう
	migrate	1120	
	advocate	1110	
	surf	1103	
	accumulate	1108	
	undertake	1112	
	conceal	1116	
	swallow	1118	
	fade	1115	
	filter	1104	
	reinforce	1107	

忘れていた単語は，p.150 の My Word List へ GO▶

単語	1回目 意味を確認して単語を書く	2回目 発音しながら単語を書く	3回目 意味に合う単語を書く	意味
1141 **empathy** [émpəθi] エンパすィ				名 感情移入，共感
1142 **cue** 発[kju:] キュー				名 合図；手がかり；(次の演技の)キュー 動 (人)にきっかけを与える
1143 **enterprise** ア[éntərpràiz] エンタプライズ				名 企業，事業；企画；進取の気性
1144 **output** [áutpùt] アウトプット				名 生産(高)；出力；排出(量) 動 を生産する；を出力する
1145 **congress** ア[ká(:)ŋgrəs] カ(ー)ングレス				名 (米国などの)議会；会議
1146 **millennium** [mɪléniəm] ミれニアム				名 千年間，千年紀
1147 **mankind** ア[mænkáind] マンカインド				名 人類
1148 **Muslim** [múzlɪm] ムズりム				名 イスラム教徒 形 イスラム教(徒)の
1149 **estate** ア[ɪstéɪt] イステイト				名 (動産・不動産などの)財産；私有地
1150 **landmine** [lǽndmàɪn] らンドマイン				名 地雷
1151 **caution** 発[kɔ́:ʃən] コーション				名 用心；警告 動 に警告する
1152 **controversy** ア[ká(:)ntrəvə̀:rsi] カ(ー)ントゥロヴァ〜スィ				名 論争
1153 **consensus** [kənsénsəs] コンセンサス				名 総意；(意見の)一致
1154 **retail** ア[rí:teɪl] リーテイる				名 小売り 動 を小売りする 副 小売りで
1155 **fiber** 発[fáɪbər] ふァイバァ				名 繊維(質)；本質；精神力
1156 **scent** 発[sent] セント				名 (よい)香り；香水 動 ににおいをつける；(の)においをかぐ；をかぎつける
1157 **beverage** 発[bévərɪdʒ] ベヴァレッヂ				名 (水以外の)飲み物，飲料
1158 **supplement** 発[sʌ́plɪmənt] サプりメント				名 栄養補助剤，サプリメント；補足 動 発アク を補う
1159 **diabetes** 発[dàɪəbí:ti:z] ダイアビーティーズ				名 糖尿病
1160 **province** [prá(:)vɪns] プラ(ー)ヴィンス				名 州，省；(the 〜s)地方；分野

② 記憶から引き出す

意味	ID	単語を書こう	意味	ID	単語を書こう
图（米国などの）議会	1145		图 論争	1152	
图（水以外の）飲み物，飲料	1157		图 小売り	1154	
图 企業，事業	1143		图 合図	1142	
图 感情移入，共感	1141		图 人類	1147	
图 繊維（質）	1155		图 千年間，千年紀	1146	
图 用心	1151		图 糖尿病	1159	
图 地雷	1150		图 州，省	1160	
图 イスラム教徒	1148		图 生産（高）	1144	
图 栄養補助剤，サプリメント	1158		图（動産・不動産などの）財産	1149	
图 総意	1153		图（よい）香り	1156	

③ Drill 57 の復習テスト

✔	単語 なぞって書く	ID	意味を書こう	✔	単語 なぞって書く	ID	意味を書こう
	vanish	1123			polish	1124	
	commute	1132			compound	1129	
	exaggerate	1121			sweep	1126	
	disgust	1131			mislead	1127	
	postpone	1134			inherit	1139	
	wipe	1125			explode	1130	
	rear	1140			spoil	1128	
	extract	1138			decorate	1133	
	compromise	1136			elect	1137	
	cease	1135			accuse	1122	

忘れていた単語は，p.150 の My Word List へ **Go**▶

1 書いて記憶 [単語番号：1161 ～ 1180]

学習日：　　月　　日

単語	1回目 意味を確認して単語を書く	2回目 発音しながら単語を書く	3回目 意味に合う単語を書く	意味
1161 **reef** [ri:f] リーふ				[名] (岩や砂の)礁；暗礁
1162 **microbe** [発] [máɪkroub] マイクロウブ				[名] 微生物；細菌
1163 **excess** [アク] [ɪksés] イクセス				[名] 過剰，超過
1164 **gallery** [gǽləri] ギャらリィ				[名] 美術館，画廊；観客，ギャラリー；回廊
1165 **fame** [feɪm] ふェイム				[名] 名声
1166 **deadline** [dédlàɪn] デッドらイン				[名] 締め切り
1167 **undergraduate** [発] [ʌ̀ndərgrǽdʒuət] アンダグラチュエット				[名] 学部学生
1168 **slavery** [発] [sléɪvəri] スれイヴ(ァ)リィ				[名] 奴隷制度；苦役
1169 **prey** [preɪ] プレイ				[名] 獲物；犠牲者 [動] 捕食する，えじきにする
1170 **mess** [mes] メス				[名] 散らかった状態[物]；混乱状態 [動] を散らかす，汚す
1171 **recession** [rɪséʃən] リセッション				[名] 不況；後退
1172 **retreat** [rɪtríːt] リトゥリート				[名] 後退，退却；(計画・決定などの)撤回 [動] 後退[退却]する
1173 **grave** [greɪv] グレイヴ				[名] 墓；〔通例 the ~〕死 [形] 重大な；いかめしい
1174 **column** [発] [kɑ́(:)ləm] カ(ー)らム				[名] コラム；(新聞などの)欄；円柱；(縦)列
1175 **scenery** [síːnəri] スィーナリィ				[名] 〔集合的に〕景色；背景
1176 **plot** [plɑ(:)t] プら(ー)ット				[名] (小説などの)筋；陰謀 [動] をたくらむ
1177 **sculpture** [skʌ́lptʃər] スカるプチャ				[名] 彫刻(作品)
1178 **tablet** [tǽblət] タブれット				[名] タブレット(型情報端末)；錠剤；平板
1179 **dense** [dens] デンス				[形] 密集した，密度の高い；(霧などが)濃い
1180 **exotic** [発] [ɪgzɑ́(:)tɪk] イグザ(ー)ティック				[形] 外来の；異国風の

❷ 記憶から引き出す

意味	ID	単語を書こう
图 後退, 退却	1172	
图 (岩や砂の)礁	1161	
图 美術館, 画廊	1164	
图 奴隷制度	1168	
图 彫刻(作品)	1177	
图 獲物	1169	
图 コラム	1174	
图 学部学生	1167	
图 散らかった状態[物]	1170	
图 微生物	1162	

意味	ID	単語を書こう
图 過剰, 超過	1163	
图 締め切り	1166	
图 墓	1173	
形 外来の	1180	
图 (小説などの)筋	1176	
图 名声	1165	
图 不況	1171	
图 景色	1175	
图 タブレット(型情報端末)	1178	
形 密集した, 密度の高い	1179	

❸ Drill 58 の復習テスト

✓	単語 なぞって書く	ID	意味を書こう
	beverage	1157	
	controversy	1152	
	retail	1154	
	scent	1156	
	output	1144	
	diabetes	1159	
	enterprise	1143	
	estate	1149	
	landmine	1150	
	cue	1142	

✓	単語 なぞって書く	ID	意味を書こう
	supplement	1158	
	fiber	1155	
	Muslim	1148	
	empathy	1141	
	millennium	1146	
	mankind	1147	
	caution	1151	
	consensus	1153	
	congress	1145	
	province	1160	

忘れていた単語は, p.150 の My Word List へ **Go**➡

単語	1回目 意味を確認して単語を書く	2回目 発音しながら単語を書く	3回目 意味に合う単語を書く	意味
1181 **acid** [ǽsɪd] **ア**スィッド				形 酸性の；酸っぱい；辛辣 [%&] な 名 酸；酸っぱい物
1182 **bitter** [bítər] **ビ**タァ				形 苦い，つらい；辛辣 [%&] な；怒りっぽい
1183 **sensible** [sénsəbl] **セ**ンスィブる				形 賢明な；実用的な；顕著な
1184 **noble** [nóʊbl] **ノ**ウブる				形 高貴な；堂々とした；高潔な
1185 **vague** 発 [veɪg] **ヴェ**イグ				形 漠然とした，あいまいな；おぼろげな
1186 **parallel** 発 [pǽrəlèl] **パ**ラれる				形 平行 [並行] の；類似した 動 に平行 [並行] している 副 平行に　名 匹敵するもの
1187 **tense** [tens] **テ**ンス				形 張り詰めた，緊張した 動 を緊張させる
1188 **vertical** [və́ːrtɪkəl] **ヴァ**〜ティクる				形 垂直の；縦方向の 名 垂直線
1189 **indigenous** 発 [ɪndídʒənəs] イン**ディ**チェナス				形 原産の，先住の；(その土地に) 固有の
1190 **aboriginal** [æ̀bərídʒənəl] アボ**リ**ヂナる				形 〔通例 A〜〕アボリジニの；原生の，先住の　名 先住民；オーストラリア先住民
1191 **seasonal** [síːzənəl] **スィ**ーズヌる				形 季節の，季節的な
1192 **abundant** [əbʌ́ndənt] ア**バ**ンダント				形 豊富な；富む
1193 **hybrid** [háɪbrɪd] **ハ**イブリッド				形 ハイブリッドの；雑種の；混成の　名 ハイブリッド車；(動植物の) 雑種
1194 **irrelevant** 発 [ɪréləvənt] イ**レ**れヴァント				形 無関係の；見当違いの
1195 **ridiculous** ア [rɪdíkjuləs] リ**ディ**キュらス				形 ばかげた；法外な
1196 **fairy** [féəri] **ふェ**(ア) リィ				形 妖精 [%&] の (ような) 名 妖精
1197 **sensory** [sénsəri] **セ**ンサリィ				形 感覚の
1198 **chronic** [krɑ́(ː)nɪk] ク**ラ**(ー) ニック				形 慢性の；長引く；常習の
1199 **voluntary** ア [vɑ́(ː)ləntèri] **ヴァ**(ー) らンテリィ				形 自発的な；無償の
1200 **inclined** [ɪnkláɪnd] インク**ら**インド				形 傾向がある；傾いた

2 記憶から引き出す

意味	ID	単語を書こう
形 自発的な	1199	
形 苦い，つらい	1182	
形 豊富な	1192	
形 感覚の	1197	
形 ハイブリッドの	1193	
形 高貴な	1184	
形 漠然とした，あいまいな	1185	
形 慢性の	1198	
形 アボリジニの	1190	
形 妖精の（ような）	1196	

意味	ID	単語を書こう
形 平行[並行]の	1186	
形 季節の，季節的な	1191	
形 張り詰めた，緊張した	1187	
形 ばかげた	1195	
形 傾向がある	1200	
形 原産の，先住の	1189	
形 無関係の	1194	
形 賢明な	1183	
形 垂直の	1188	
形 酸性の	1181	

3 Drill 59の復習テスト

✓	単語 なぞって書く	ID	意味を書こう
	exotic	1180	
	retreat	1172	
	plot	1176	
	scenery	1175	
	grave	1173	
	gallery	1164	
	microbe	1162	
	recession	1171	
	tablet	1178	
	prey	1169	

✓	単語 なぞって書く	ID	意味を書こう
	reef	1161	
	mess	1170	
	undergraduate	1167	
	slavery	1168	
	dense	1179	
	column	1174	
	deadline	1166	
	sculpture	1177	
	excess	1163	
	fame	1165	

忘れていた単語は，p.150 の My Word List へ **Go▶**

My Word List

～覚えていなかった単語～

単語	意味

単語	意味

最低「5回」は書いて絶対に覚えよう！

Part 2 Section 13

単語	1回目 意味を確認して単語を書く	2回目 発音しながら単語を書く	3回目 意味に合う単語を書く	意味
1201 **infer** ㋐[ɪnfə́ːr] インふァ〜				動 を推論する，推測する
1202 **esteem** ㋐[ɪstíːm] イスティーム				動 を尊敬する；を見なす 名 尊敬；評価
1203 **tackle** [tǽkl] タクる				動 に取り組む；と話をつける 名 (ラグビー・アメフトなどの)タックル；(釣り)道具
1204 **venture** [véntʃər] ヴェンチャ				動 危険を冒して進む；を思い切ってする 名 冒険的事業，投機
1205 **accelerate** ㋐[əksélərèɪt] アクセれレイト				動 を加速させる，促進する；加速する
1206 **accustom** [əkʌ́stəm] アカスタム				動 (人)を慣れさせる
1207 **amuse** [əmjúːz] アミューズ				動 をおもしろがらせる，楽しませる
1208 **flourish** ㋰[flə́ːrɪʃ] ふら〜リッシ				動 繁栄する；繁茂する；を振りかざす 名 大げさなしぐさ；美辞麗句；繁栄
1209 **thrive** [θraɪv] すライヴ				動 繁栄する，うまくいく；繁茂する
1210 **nurture** [nə́ːrtʃər] ナ〜チャ				動 をはぐくむ；を養成する 名 養育；(しつけ・教育などの)環境
1211 **click** [klɪk] クリック				動 (を)クリックする；をカチッと鳴らす 名 クリック；カチッという音
1212 **spin** [spɪn] スピン				動 回転する；を回転させる；(糸)を紡ぐ 名 回転；下落
1213 **clip** [klɪp] クリップ				動 を切り抜く；を(はさみで)切り取る 名 抜粋；はさみで切ること；クリップ
1214 **drag** [dræg] ドゥラッグ				動 を引きずる；ぐずぐずする 名 [a〜]障害物；不愉快な物[人]
1215 **cast** [kæst] キャスト				動 を投じる；に役を当てる 名 配役；ギプス；鋳型
1216 **scatter** [skǽtər] スキャタァ				動 をまき散らす；分散する 名 散布；分散
1217 **tempt** [tempt] テン(プ)ト				動 を気にさせる；を引きつける
1218 **withdraw** ㋐[wɪðdrɔ́ː] ウィずドゥロー				動 を引き出す；を撤回する；撤退する
1219 **yawn** ㋰[jɔːn] ヨーン				動 あくびをする 名 あくび
1220 **blink** [blɪŋk] ブリンク				動 まばたきする；点滅する；(目)をまたたく 名 まばたき；瞬時

② 記憶から引き出す

意味	ID	単語を書こう
動 を引き出す	1218	
動 を加速させる，促進する	1205	
動 に取り組む	1203	
動 を切り抜く	1213	
動 (人)を慣れさせる	1206	
動 繁栄する	1208	
動 をまき散らす	1216	
動 を気にさせる	1217	
動 (を)クリックする	1211	
動 をおもしろがらせる，楽しませる	1207	

意味	ID	単語を書こう
動 回転する	1212	
動 危険を冒して進む	1204	
動 繁栄する，うまくいく	1209	
動 まばたきする	1220	
動 を推論する，推測する	1201	
動 を投じる	1215	
動 あくびをする	1219	
動 を尊敬する	1202	
動 をはぐくむ	1210	
動 を引きずる	1214	

③ Drill 60 の復習テスト

✓	単語 なぞって書く	ID	意味を書こう
	aboriginal	1190	
	voluntary	1199	
	noble	1184	
	ridiculous	1195	
	parallel	1186	
	abundant	1192	
	hybrid	1193	
	seasonal	1191	
	sensible	1183	
	acid	1181	

✓	単語 なぞって書く	ID	意味を書こう
	sensory	1197	
	fairy	1196	
	inclined	1200	
	chronic	1198	
	vertical	1188	
	indigenous	1189	
	vague	1185	
	irrelevant	1194	
	bitter	1182	
	tense	1187	

忘れていた単語は，p.162 の My Word List へ GO▶

1 書いて記憶 [単語番号：1221 ～ 1240]

学習日：　　月　　日

単語	1回目 意味を確認して単語を書く	2回目 発音しながら単語を書く	3回目 意味に合う単語を書く	意味
1221 **dye** [daɪ] ダイ				[動] を染める；染まる [名] 染料
1222 **spill** [spɪl] スピる				[動] をこぼす；こぼれる [名] こぼれること，流出
1223 **irritate** [írɪtèɪt] イリテイト				[動] をいらいらさせる；をひりひりさせる
1224 **insult** [発][アク][ɪnsʌ́lt] インサるト				[動] を侮辱する [名] [アク別] 侮辱(行為)
1225 **enforce** [ɪnfɔ́ːrs] インふォース				[動] を施行[実施]する；を強制する
1226 **rob** [rɑ(ː)b] ラ(ー)ッブ				[動] から(金品を)奪う
1227 **drain** [dreɪn] ドゥレイン				[動] (液体)を流出させる；(液体が)流れ出る [名] 排水路[管]；流出，消耗
1228 **suspend** [アク][səspénd] サスペンド				[動] を停職[停学，出場停止]にする；を一時的に中断する
1229 **drift** [drɪft] ドゥリふト				[動] 漂う；さまよう；を押し流す [名] 漂流(物)；吹きだまり；緩やかな移動
1230 **forgive** [fərgív] ふォギヴ				[動] を許す；を免除する
1231 **revise** [rɪváɪz] リヴァイズ				[動] を修正する；を改訂する [名] 改訂(版)；校正
1232 **recruit** [rɪkrúːt] リクルート				[動] を募る；に新人を補充する [名] 新人；新会員
1233 **twist** [twɪst] トゥウィスト				[動] をねじる，ひねる；を歪曲[わいきょく]する [名] ねじること；歪曲；急展開
1234 **crush** [krʌʃ] クラッシ				[動] を押しつぶす；を弾圧する；を絞り出す [名] 粉砕，鎮圧，殺到
1235 **pin** [pɪn] ピン				[動] をピンで留める；を突き刺す [名] ピン；針，留め針；バッジ
1236 **uncover** [ʌ̀nkʌ́vər] アンカヴァ				[動] を暴く；を発掘する
1237 **exploit** [ɪksplɔ́ɪt] イクスプろイト				[動] を活用する；を搾取する，につけ込む
1238 **implement** [発][ímplɪmènt] インプリメント				[動] を実行[実施]する [名] [発別] 道具；手段；(~s)用具一式
1239 **integrate** [アク][íntəgrèɪt] インテグレイト				[動] を統合する；融合する
1240 **incorporate** [ɪnkɔ́ːrpərèɪt] インコーポレイト				[動] を取り入れる；を法人にする；合併する [形] 会社組織の

2 記憶から引き出す

意味	ID	単語を書こう
動 を取り入れる	1240	
動 を実行[実施]する	1238	
動 を活用する	1237	
動 を停職[停学，出場停止]にする	1228	
動 を侮辱する	1224	
動 をこぼす	1222	
動 を許す	1230	
動 から(金品を)奪う	1226	
動 を施行[実施]する	1225	
動 を募る	1232	

意味	ID	単語を書こう
動 を染める	1221	
動 を修正する	1231	
動 漂う	1229	
動 (液体)を流出させる	1227	
動 を暴く	1236	
動 をねじる，ひねる	1233	
動 を押しつぶす	1234	
動 をピンで留める	1235	
動 を統合する	1239	
動 をいらいらさせる	1223	

3 Drill61の復習テスト

✔	単語 なぞって書く	ID	意味を書こう
	click	1211	
	blink	1220	
	esteem	1202	
	drag	1214	
	cast	1215	
	accustom	1206	
	tempt	1217	
	withdraw	1218	
	spin	1212	
	yawn	1219	

✔	単語 なぞって書く	ID	意味を書こう
	scatter	1216	
	accelerate	1205	
	clip	1213	
	flourish	1208	
	thrive	1209	
	infer	1201	
	nurture	1210	
	amuse	1207	
	tackle	1203	
	venture	1204	

忘れていた単語は，p.162 の My Word List へ GO▶

単語	1回目 意味を確認して単語を書く	2回目 発音しながら単語を書く	3回目 意味に合う単語を書く	意味
1241 **profile** ⚡⚡ [próufaɪl] プロウふァイる				名 **人物の紹介**；横顔；輪郭 動 の紹介をする；の輪郭を描く
1242 **appetite** ⚡ [ǽpɪtàɪt] **ア**ピタイト				名 **食欲**；欲求
1243 **impulse** ⚡⚡ [ímpʌls] **イン**パるス				名 **衝動**；刺激
1244 **script** [skrípt] スクリプト				名 **台本**；筆跡
1245 **anniversary** [æ̀nɪvə́ːrsəri] アニ**ヴァ**〜サリィ				名 **（〜周年）記念日**
1246 **pension** [pénʃən] **ペン**ション				名 **年金**
1247 **temper** [témpər] **テン**パァ				名 **気質，気性**；機嫌；かんしゃく
1248 **cortex** [kɔ́ːrteks] **コー**テックス				名 **皮質**；樹皮
1249 **syndrome** [síndroʊm] **スィン**ドゥロウム				名 **症候群**；〜現象
1250 **chamber** ⚡ [tʃéɪmbər] **チェイン**バァ				名 **（特定の目的の）部屋**；議場；〔the 〜〕議院
1251 **utility** ⚡ [juːtíləti] ユー**ティ**リティ				名 **公共事業**；公共料金；実用性 形 多目的な；実用的な
1252 **cattle** [kǽtl] **キャ**トゥる				名 〔集合的に〕**牛**
1253 **herd** ⚡ [həːrd] **ハ**〜ド				名 **（牛などの）群れ**；群衆 動 を群れで集める；を群れで移動させる
1254 **fluid** [flúːɪd] ふ**るー**イッド				名 **流動体，液体** 形 流動体の；流動性の；滑らかな
1255 **pity** [píti] **ピ**ティ				名 **残念なこと**；哀れみ 動 を哀れむ，気の毒に思う
1256 **priest** [príːst] プ**リー**スト				名 **聖職者**
1257 **acquaintance** [əkwéɪntəns] アク**ウェイ**ンタンス				名 **知人**；面識；知識
1258 **offspring** ⚡ [ɔ́(ː)fsprìŋ] **オ**(ー)ふスプリング				名 **子孫，子**；成果
1259 **famine** ⚡ [fǽmɪn] **ふァ**ミン				名 **飢饉**〔きん〕；（食糧・物資の）ひどい不足
1260 **deforestation** [diːfɔ̀(ː)rɪstéɪʃən] ディーふォ(ー)レス**テ**イション				名 **森林伐採**

2 記憶から引き出す

意味	ID	単語を書こう
名 流動体, 液体	1254	
名 公共事業	1251	
名 残念なこと	1255	
名 食欲	1242	
名 牛	1252	
名 (牛などの)群れ	1253	
名 台本	1244	
名 皮質	1248	
名 症候群	1249	
名 知人	1257	

意味	ID	単語を書こう
名 気質, 気性	1247	
名 (〜周年)記念日	1245	
名 飢饉	1259	
名 衝動	1243	
名 子孫, 子	1258	
名 森林伐採	1260	
名 (特定の目的の)部屋	1250	
名 人物の紹介	1241	
名 年金	1246	
名 聖職者	1256	

3 Drill 62 の復習テスト

✓	単語 なぞって書く	ID	意味を書こう
	drain	1227	
	exploit	1237	
	suspend	1228	
	pin	1235	
	recruit	1232	
	revise	1231	
	uncover	1236	
	irritate	1223	
	spill	1222	
	insult	1224	

✓	単語 なぞって書く	ID	意味を書こう
	rob	1226	
	crush	1234	
	integrate	1239	
	incorporate	1240	
	implement	1238	
	enforce	1225	
	twist	1233	
	dye	1221	
	drift	1229	
	forgive	1230	

忘れていた単語は, p.162 の My Word List へ **GO**

Drill 64 1 書いて記憶 [単語番号：1261 ～ 1280]

学習日：　　月　　日

単語	1回目 意味を確認して単語を書く	2回目 発音しながら単語を書く	3回目 意味に合う単語を書く	意味
1261 **jail** [dʒeɪl] チェイる				[名] 刑務所，拘置所
1262 **commodity** [kəmá(:)dəti] コマ(ー)ディティ				[名] 商品；有用なもの
1263 **format** [fɔ́:rmæt] ふォーマット				[名] 書式，形式；(本などの)型 [動] の体裁を整える；の書式を設定する；を初期化する
1264 **recipient** [アク] [rɪsípiənt] リスィピエント				[名] 受け取る人；(臓器などの)被提供者 [形] 受容力のある
1265 **drill** [発] [drɪl] ドゥリる				[名] 訓練；(反復)練習；ドリル，錐[きり] [動] (～に)穴をあける；に反復練習させる
1266 **inability** [ìnəbíləti] イナビりティ				[名] 無能，無力
1267 **republic** [rɪpʌ́blɪk] リパブリック				[名] 共和国；共和制
1268 **combat** [ká(:)mbæ̀t] カ(ー)ンバット				[名] 戦闘；対立 [動] と戦う；に立ち向かう
1269 **debris** [発] [dəbrí:] ダブリー				[名] (破壊された後の)残骸，瓦礫[がれき]；がらくた
1270 **bug** [bʌg] バグ				[名] 病原菌(が起こす病気)；虫；盗聴器 [動] を盗聴する；を悩ます
1271 **fraction** [frǽkʃən] ふラクション				[名] わずか，一部；分数
1272 **index** [アク] [índeks] インデックス				[名] 指標；索引；指数 [動] (本など)に索引をつける
1273 **intuition** [発] [アク] [ìntjuíʃən] インテュイション				[名] 直観(力)，直感
1274 **motive** [発] [アク] [móutɪv] モウティヴ				[名] 動機 [形] 原動力となる
1275 **consent** [アク] [kənsént] コンセント				[名] 同意，承諾 [動] 同意する，承諾する
1276 **hierarchy** [発] [háɪərà:rki] ハイ(ア)ラーキィ				[名] (社会の)階層制；〔the ～〕支配層
1277 **monument** [má(:)njumənt] マ(ー)ニュメント				[名] 記念碑，遺跡；金字塔
1278 **asset** [アク] [ǽsèt] アセット				[名] 〔通例～s〕資産；価値のあるもの；利点
1279 **decent** [発] [アク] [dí:sənt] ディースント				[形] まずまずの；きちんとした；上品な
1280 **competent** [発] [アク] [ká(:)mpətənt] カ(ー)ンペテント				[形] 有能な；適任の；満足できる

2 記憶から引き出す

意味	ID	単語を書こう	意味	ID	単語を書こう
名 刑務所，拘置所	1261		名 直観(力)，直感	1273	
名 訓練	1265		名 無能，無力	1266	
名 資産	1278		名 書式，形式	1263	
名 わずか，一部	1271		名 受け取る人	1264	
名 記念碑，遺跡	1277		名 共和国	1267	
名 動機	1274		名 戦闘	1268	
名 (破壊された後の)残骸，瓦礫	1269		名 同意，承諾	1275	
名 指標	1272		名 病原菌(が起こす病気)	1270	
形 まずまずの	1279		名 (社会の)階層制	1276	
形 有能な	1280		名 商品	1262	

3 Drill63の復習テスト

✓	単語 なぞって書く	ID	意味を書こう	✓	単語 なぞって書く	ID	意味を書こう
	cortex	1248			appetite	1242	
	chamber	1250			temper	1247	
	pity	1255			utility	1251	
	deforestation	1260			priest	1256	
	anniversary	1245			script	1244	
	profile	1241			pension	1246	
	syndrome	1249			fluid	1254	
	offspring	1258			cattle	1252	
	impulse	1243			herd	1253	
	famine	1259			acquaintance	1257	

忘れていた単語は，p.162 の My Word List へ **GO**

単語	1回目 意味を確認して単語を書く	2回目 発音しながら単語を書く	3回目 意味に合う単語を書く	意味
1281 **straightforward** [strèɪtfɔ́ːrwərd] ストゥレイトふォーワド				形 単純な；率直な 副 率直に
1282 **cosmetic** [kɑ(ː)zmétɪk] カ(ー)ズメティック				形 化粧の，美容の；うわべの 名 (通例~s)化粧品
1283 **delicate** [délɪkət] デリケット				形 繊細な；扱いにくい；もろい
1284 **interior** [ɪntíəriər] インティ(ア)リア				形 室内の；内部の 名 (the ~)内陸部；内部；室内
1285 **transparent** [trænspǽrənt] トゥランスパレント				形 透明な；明快な
1286 **aesthetic** [esθétɪk] エスせティック				形 美的な；美学の
1287 **deliberate** [dɪlíbərət] ディりバレット				形 故意の；慎重な 動 を熟考する
1288 **demographic** [dèməgrǽfɪk] デモグラふィック				形 人口統計学の
1289 **prehistoric** [prìːhɪstɔ́(ː)rɪk] プリーヒスト(ー)リック				形 有史以前の；旧式な
1290 **innate** [ìnéɪt] イネイト				形 生まれながらの；固有の
1291 **mild** [maɪld] マイるド				形 穏やかな；(程度が)軽い
1292 **toxic** [tɑ́(ː)ksɪk] タ(ー)クスィック				形 有毒な；中毒性の 名 有毒物質
1293 **ashamed** [əʃéɪmd] アシェイムド				形 恥じて
1294 **humble** [hʌ́mbl] ハンブる				形 謙虚な；質素な；身分が低い 動 を謙虚にさせる；を卑しめる
1295 **peculiar** [pɪkjúːljər] ピキューりャ				形 特有の；特異な
1296 **steep** [stiːp] スティープ				形 (傾斜が)急な；急激な；法外な
1297 **trivial** [tríviəl] トゥリヴィアる				形 ささいな，取るに足りない
1298 **magnificent** [mægnífɪsənt] マグニふィスント				形 壮大な；見事な
1299 **wireless** [wáɪərləs] ワイアれス				形 無線(電信)の，ラジオの 名 無線電信；ラジオ放送
1300 **ongoing** [ɑ́(ː)ngòʊɪŋ] ア(ー)ンゴウィング				形 継続している，進行中の

2 記憶から引き出す

意味	ID	単語を書こう
形 壮大な	1298	
形 化粧の, 美容の	1282	
形 室内の	1284	
形 有毒な	1292	
形 恥じて	1293	
形 ささいな, 取るに足りない	1297	
形 単純な	1281	
形 人口統計学の	1288	
形 継続している, 進行中の	1300	
形 特有の	1295	

意味	ID	単語を書こう
形 有史以前の	1289	
形 (傾斜が)急な	1296	
形 透明な	1285	
形 無線(電信)の, ラジオの	1299	
形 謙虚な	1294	
形 穏やかな	1291	
形 繊細な	1283	
形 美的な	1286	
形 生まれながらの	1290	
形 故意の	1287	

3 Drill64の復習テスト

✔	単語 なぞって書く	ID	意味を書こう
	jail	1261	
	index	1272	
	inability	1266	
	recipient	1264	
	asset	1278	
	fraction	1271	
	format	1263	
	consent	1275	
	drill	1265	
	commodity	1262	

✔	単語 なぞって書く	ID	意味を書こう
	hierarchy	1276	
	monument	1277	
	competent	1280	
	bug	1270	
	decent	1279	
	combat	1268	
	intuition	1273	
	republic	1267	
	motive	1274	
	debris	1269	

忘れていた単語は, p.162 の My Word List へ GO→

My Word List　Drill 60 ～ 64
～覚えていなかった単語～

単語	意味

単語	意味

最低「5回」は書いて絶対に覚えよう！

Part 2　Section 14

単語	1回目 意味を確認して単語を書く	2回目 発音しながら単語を書く	3回目 意味に合う単語を書く	意味
1301 **assure** [əʃúər] アシュア				動 に**自信を持って言う**；を保証する
1302 **precede** [prɪsíːd] プリ**スィード**				動 に**先行する**；に優先する
1303 **revive** [rɪváɪv] リ**ヴァイヴ**				動 を**復活させる**；復活する
1304 **compel** [kəmpél] コン**ペる**				動 に**強いる**
1305 **blossom** [blά(ː)səm] ブら(ー)サム				動 **花が咲く**；発展する 名 (果樹の)花；開花(期)
1306 **terrify** [térəfàɪ] **テ**リふァイ				動 を**怖がらせる**；を脅かす
1307 **violate** [váɪəlèɪt] **ヴァ**イオれイト				動 (法律・規則など)に**違反する**；を侵害する
1308 **suppress** ⑦[səprés] サ**プレ**ス				動 を**抑える**；を抑圧する
1309 **deceive** [dɪsíːv] ディ**スィーヴ**				動 を**だます**
1310 **manipulate** ⑦[mənípjulèɪt] マ**ニ**ピュれイト				動 を**(巧みに)操る**；を改ざんする
1311 **starve** [stɑːrv] スターヴ				動 **飢える**；渇望する；を飢えさせる
1312 **flee** [fliː] ふりー				動 (から)**逃げる**
1313 **whisper** [hwíspər] (フ)**ウィ**スパァ				動 (を)**ささやく** 名 ささやき(声)；ひそひそ話
1314 **yell** 🔊[jel] **イェ**る				動 **叫ぶ**，どなる 名 大声の叫び，わめき
1315 **deposit** [dɪpά(ː)zət] ディパ(ー)ズィット				動 を**置く**；を預ける；を堆積させる 名 保証金；預金；堆積(物)
1316 **confine** [kənfáɪn] コン**ふァ**イン				動 を**限定する**；(通例受身形で)閉じ込められる 名 （発音） 境界；限界，限度
1317 **swing** [swɪŋ] ス**ウィ**ング				動 を**揺らす**，振る；揺れる；(行動に)さっと移る 名 揺れ；ブランコ
1318 **prolong** [prəlɔ́(ː)ŋ] プロ**ろ**(ー)ング				動 を**長引かせる**
1319 **depict** [dɪpíkt] ディ**ピ**クト				動 を**描く**
1320 **outline** ⑦[áʊtlàɪn] **ア**ウトライン				動 の**要点を述べる**；の輪郭を描く 名 概略；輪郭；(~s)要点

❷ 記憶から引き出す

意味	ID	単語を書こう	意味	ID	単語を書こう
動 に強いる	1304		動 を描く	1319	
動 (から)逃げる	1312		動 を復活させる	1303	
動 に先行する	1302		動 (を)ささやく	1313	
動 に自信を持って言う	1301		動 を置く	1315	
動 を揺らす, 振る	1317		動 飢える	1311	
動 を限定する	1316		動 の要点を述べる	1320	
動 を抑える	1308		動 叫ぶ, どなる	1314	
動 花が咲く	1305		動 をだます	1309	
動 を(巧みに)操る	1310		動 を怖がらせる	1306	
動 (法律・規則など)に違反する	1307		動 を長引かせる	1318	

❸ Drill 65の復習テスト

✓	単語 なぞって書く	ID	意味を書こう	✓	単語 なぞって書く	ID	意味を書こう
	wireless	1299			ashamed	1293	
	mild	1291			humble	1294	
	magnificent	1298			toxic	1292	
	transparent	1285			delicate	1283	
	innate	1290			steep	1296	
	cosmetic	1282			ongoing	1300	
	aesthetic	1286			straightforward	1281	
	peculiar	1295			prehistoric	1289	
	trivial	1297			interior	1284	
	deliberate	1287			demographic	1288	

忘れていた単語は, p.174 の My Word List へ **Go**▶

単語	1回目 意味を確認して単語を書く	2回目 発音しながら単語を書く	3回目 意味に合う単語を書く	意味
1321 **shed** [ʃed] シェッド				動 を**捨て去る**；(光など)を放つ；(涙・血)を流す
1322 **emit** [ɪmít] イミット				動 (光・熱など)を**出す**, 排出する；(信号)を送る
1323 **renew** [rɪnjúː] リニュー				動 を**更新する**；(資源)を再生する
1324 **utilize** [júːtəlàɪz] ユーティらイズ				動 を**利用する**
1325 **assert** [əsə́ːrt] アサ〜ト				動 を**主張する**
1326 **strain** [streɪn] ストゥレイン				動 に**負担をかける**；を緊張させる；を漉[こ]す 名 緊張, ストレス；重圧
1327 **strive** [straɪv] ストゥライヴ				動 **努力する**；争う
1328 **dare** [deər] デア				動 **あえて[思い切って]…する**
1329 **boast** 発 [boust] ボウスト				動 を**誇る**；(を)自慢する 名 自慢(話)；うぬぼれ
1330 **startle** [stáːrtl] スタートゥる				動 を**びっくりさせる** 名 びっくりさせること
1331 **offend** [əfénd] オふェンド				動 の**気分を害する**；(に)違反する
1332 **compute** [kəmpjúːt] コンピュート				動 (を)**計算する**；コンピューターを使う
1333 **assemble** [əsémbl] アセンブる				動 を**集める**；を組み立てる；集まる
1334 **worsen** [wə́ːrsən] ワ〜スン				動 を**悪化させる**；悪化する
1335 **flip** [flɪp] ふりップ				動 を**(ぱっと)裏返す**；を軽くはじく　名 指ではじくこと　形 軽薄な；生意気な
1336 **rub** [rʌb] ラブ				動 (を)**こする**；を塗る 名 こすること；マッサージ；(the 〜)難点
1337 **descend** [dɪsénd] ディセンド				動 (を)**降りる**；受け継がれる
1338 **compensate** [ká(ː)mpənsèɪt] カ(ー)ンペンセイト				動 **補償する**；に償う
1339 **comprise** [kəmpráɪz] コンプライズ				動 から**成る**；を構成する
1340 **prevail** 発 [prɪvéɪl] プリヴェイる				動 **普及している**；支配的である；打ち勝つ

2 記憶から引き出す

意味	ID	単語を書こう
動 あえて［思い切って］…する	1328	
動 を悪化させる	1334	
動 から成る	1339	
動 を更新する	1323	
動 を主張する	1325	
動 を捨て去る	1321	
動 普及している	1340	
動 の気分を害する	1331	
動 を誇る	1329	
動 を利用する	1324	

意味	ID	単語を書こう
動 に負担をかける	1326	
動 を集める	1333	
動 努力する	1327	
動 補償する	1338	
動 (光・熱など)を出す，排出する	1322	
動 をびっくりさせる	1330	
動 (を)降りる	1337	
動 (を)計算する	1332	
動 を(ぱっと)裏返す	1335	
動 (を)こする	1336	

3 Drill 66 の復習テスト

✓	単語 なぞって書く	ID	意味を書こう
	deposit	1315	
	revive	1303	
	yell	1314	
	depict	1319	
	deceive	1309	
	whisper	1313	
	precede	1302	
	manipulate	1310	
	violate	1307	
	prolong	1318	

✓	単語 なぞって書く	ID	意味を書こう
	assure	1301	
	swing	1317	
	suppress	1308	
	confine	1316	
	flee	1312	
	outline	1320	
	blossom	1305	
	compel	1304	
	terrify	1306	
	starve	1311	

忘れていた単語は，p.174 の My Word List へ **Go**

Drill 68

1 書いて記憶 [単語番号：1341 ～ 1360]

学習日：　　月　　日

単語	1回目 意味を確認して単語を書く	2回目 発音しながら単語を書く	3回目 意味に合う単語を書く	意味
1341 **quest** [kwest] クウェスト				[名] 探究 [動] 探す，追求する
1342 **dignity** [dígnəti] ディグニティ				[名] 尊厳；威厳
1343 **criterion** [発] [kraɪtíəriən] クライティ(ア)リアン				[名] (判断・評価の)基準
1344 **paradox** [アク] [pǽrədɑ̀(:)ks] パラダ(ー)クス				[名] 逆説；矛盾
1345 **parliament** [発] [pɑ́:rləmənt] パーらメント				[名] (英国などの)議会；国会議員(団)
1346 **legislation** [lèdʒɪsléɪʃən] れヂスれイション				[名] 法律；立法
1347 **agenda** [ədʒéndə] アヂェンダ				[名] 協議事項(リスト)；議事日程(表)；(政治上の)課題
1348 **mainstream** [méɪnstrì:m] メインストゥリーム				[名] (活動・思潮などの)主流；大勢[たいせい] [形] 主流の；標準的な [動] を主流にする
1349 **troop** [tru:p] トゥループ				[名] (～s)軍隊；集団 [動] 集団で進む
1350 **epidemic** [èpɪdémɪk] エピデミック				[名] 流行(病)；蔓延[まんえん] [形] 伝染性の；流行の
1351 **outbreak** [áutbrèɪk] アウトブレイク				[名] 発生，勃発[ぼっぱつ]
1352 **chaos** [発] [kéɪɑ̀(:)s] ケイア(ー)ス				[名] 混沌[こんとん]，大混乱
1353 **nightmare** [náɪtmèər] ナイトメア				[名] 悪夢(のような状況)；不安感
1354 **horror** [hɔ́(:)rər] ホ(ー)ラァ				[名] 恐怖；強い嫌悪；嫌な物[人]
1355 **cluster** [klʌ́stər] クらスタァ				[名] 集団；(植物の)房，束 [動] 群がる；を群がらせる
1356 **pollen** [アク] [pɑ́(:)lən] パ(ー)れン				[名] 花粉
1357 **hive** [haɪv] ハイヴ				[名] ミツバチの巣(箱)；人の集まる所 [動] (ミツバチ)を巣箱に入れる
1358 **irrigation** [ìrɪgéɪʃən] イリゲイション				[名] 灌漑[かんがい]
1359 **dose** [発] [dous] ドウス				[名] (薬の1回分の)服用量；放射線の1回の照射量 [動] に投薬する
1360 **suicide** [sú:ɪsàɪd] スーイサイド				[名] 自殺；自殺的行為

2 記憶から引き出す

意味	ID	単語を書こう
名 発生，勃発	1351	
名 悪夢（のような状況）	1353	
名 花粉	1356	
名 （判断・評価の）基準	1343	
名 （活動・思潮などの）主流	1348	
名 ミツバチの巣（箱）	1357	
名 恐怖	1354	
名 尊厳	1342	
名 協議事項（リスト）	1347	
名 逆説	1344	

意味	ID	単語を書こう
名 探究	1341	
名 混沌，大混乱	1352	
名 （英国などの）議会	1345	
名 軍隊	1349	
名 集団	1355	
名 （薬の1回分の）服用量	1359	
名 灌漑	1358	
名 自殺	1360	
名 法律	1346	
名 流行（病）	1350	

3 Drill67の復習テスト

✓	単語 なぞって書く	ID	意味を書こう
	dare	1328	
	worsen	1334	
	shed	1321	
	emit	1322	
	offend	1331	
	compute	1332	
	assemble	1333	
	descend	1337	
	rub	1336	
	renew	1323	

✓	単語 なぞって書く	ID	意味を書こう
	assert	1325	
	comprise	1339	
	prevail	1340	
	boast	1329	
	startle	1330	
	flip	1335	
	compensate	1338	
	utilize	1324	
	strain	1326	
	strive	1327	

忘れていた単語は，p.174 の My Word List へ Go▶

単語	1回目 意味を確認して単語を書く	2回目 発音しながら単語を書く	3回目 意味に合う単語を書く	意味
1361 **feast** [fíːst] ふィースト				名 祝宴：大ごちそう；楽しみ 動 飲み食いする；楽しむ
1362 **cuisine** [kwɪzíːn] クウィズィーン				名 (独特の)料理, 料理法
1363 **rumor** [rúːmər] ルーマァ				名 うわさ 動 とうわさをする
1364 **proverb** [prɑ́(ː)vəːrb] プラ(ー)ヴァ～ブ				名 ことわざ
1365 **signature** [sígnətʃər] スィグナチャ				名 署名：特徴 形 (人・物の)特徴をよく表した, 特徴的な
1366 **formula** [fɔ́ːrmjulə] ふォーミュら				名 方法, 解決策；公式
1367 **tuition** [tjuíʃən] テュイション				名 主に米 授業料；(個人)指導
1368 **intake** [íntèɪk] インテイク				名 摂取量：受け入れ数；取り入れること
1369 **spectrum** [spéktrəm] スペクトゥラム				名 スペクトル：(波動・変動の)範囲
1370 **kidney** [kídni] キッドニィ				名 腎臓
1371 **gear** [gíər] ギア				名 用具(一式), 器具：歯車；ギア 動 を適合させる
1372 **aisle** [aɪl] アイる				名 (座席間などの)通路
1373 **grief** [gríːf] グリーふ				名 深い悲しみ
1374 **destiny** [déstəni] デスティニィ				名 運命
1375 **skull** [skʌl] スカる				名 頭骨, 頭蓋骨[ずがいこつ]；頭脳
1376 **tomb** [tuːm] トゥーム				名 墓
1377 **monk** [mʌŋk] マンク				名 修道士, 僧
1378 **worship** [wə́ːrʃəp] ワ～シップ				名 崇拝, 礼拝(式)；賛美 動 を崇拝する；を礼拝する
1379 **outstanding** [àutstǽndɪŋ] アウトスタンディング				形 際立った；未払いの；未解決の
1380 **unprecedented** [ʌnprésədèntɪd] アンプレセデンティッド				形 前例のない；空前の

② 記憶から引き出す

意味	ID	単語を書こう
名 深い悲しみ	1373	
名 用具(一式)，器具	1371	
名 方法，解決策	1366	
名 運命	1374	
名 頭骨，頭蓋骨	1375	
名 うわさ	1363	
名 (独特の)料理，料理法	1362	
名 スペクトル	1369	
名 崇拝，礼拝(式)	1378	
名 墓	1376	

意味	ID	単語を書こう
形 前例のない	1380	
名 腎臓	1370	
名 ことわざ	1364	
名 (座席間などの)通路	1372	
名 主に米 授業料	1367	
形 際立った	1379	
名 摂取量	1368	
名 修道士，僧	1377	
名 署名	1365	
名 祝宴	1361	

③ Drill 68 の復習テスト

✔	単語 なぞって書く	ID	意味を書こう
	quest	1341	
	nightmare	1353	
	suicide	1360	
	troop	1349	
	dose	1359	
	parliament	1345	
	outbreak	1351	
	legislation	1346	
	chaos	1352	
	agenda	1347	

✔	単語 なぞって書く	ID	意味を書こう
	cluster	1355	
	irrigation	1358	
	paradox	1344	
	mainstream	1348	
	pollen	1356	
	horror	1354	
	hive	1357	
	epidemic	1350	
	dignity	1342	
	criterion	1343	

忘れていた単語は，p.174 の My Word List へ **GO**

単語	1回目 意味を確認して単語を書く	2回目 発音しながら単語を書く	3回目 意味に合う単語を書く	意味
1381 **infinite** 発 ア [ínfɪnət] イン**ふぃ**ニット				形 **無限の**：無数の
1382 **worthwhile** ア [wə̀ːrθhwáɪl] ワ～す(フ)**ワ**イる				形 **価値がある**：立派な
1383 **indispensable** [ìndɪspénsəbl] インディス**ペ**ンサブる				形 **不可欠な**
1384 **compulsory** [kəmpʌ́lsəri] コン**パ**るソリィ				形 **義務的な，強制的な**
1385 **probable** [prá(:)bəbl] プ**ラ**(ー)バブる				形 **十分にありそうな**
1386 **ambiguous** 発 [æmbíɡjuəs] アン**ビ**ギュアス				形 **あいまいな**：多義的な
1387 **obscure** ア [əbskjúər] オブス**キュ**ア				形 **（世に）知られていない**：不明瞭な 動 をあいまいにする，不明瞭にする
1388 **skeptical** [sképtɪkəl] ス**ケ**プティカる				形 **懐疑的な**
1389 **fragile** 発 [frǽdʒəl] ふ**ラ**ヂャる				形 **壊れやすい**：虚弱な
1390 **static** [stǽtɪk] ス**タ**ティック				形 **静的な**：動きのない 名 静電気
1391 **gradual** [ɡrǽdʒuəl] グ**ラ**デュアる				形 **徐々の，緩やかな**
1392 **vocal** [vóukəl] **ヴォ**ウカる				形 **声の，発声の**：はっきりものを言う 名 ボーカル（パート），声楽(曲)，歌唱
1393 **vivid** [vívɪd] **ヴィ**ヴィッド				形 **鮮やかな**：生き生きとした
1394 **imperial** 発 [ɪmpíəriəl] イン**ピ**(ア)リアる				形 **帝国の**：皇帝の
1395 **hostile** [há(:)stəl] **ハ**(ー)ストゥる				形 **敵意のある**：敵の
1396 **superficial** ア [sùːpərfíʃəl] スーパ**ふぃ**シャる				形 **表面的な**
1397 **scarce** 発 [skeərs] ス**ケ**アス				形 **乏しい**：珍しい
1398 **gross** 発 [ɡrous] グ**ロ**ウス				形 **総計の**：甚だしい：粗野な
1399 **inherent** 発 [ɪnhíərənt] イン**ヒ**アラント				形 **生来の，本来的に備わっている**
1400 **notable** [nóutəbl] **ノ**ウタブる				形 **注目に値する**：著名な

2 記憶から引き出す

	意味	ID	単語を書こう
形	義務的な，強制的な	1384	
形	(世に)知られていない	1387	
形	静的な	1390	
形	生来の，本来的に備わっている	1399	
形	無限の	1381	
形	乏しい	1397	
形	徐々の，緩やかな	1391	
形	鮮やかな	1393	
形	帝国の	1394	
形	表面的な	1396	

	意味	ID	単語を書こう
形	注目に値する	1400	
形	あいまいな	1386	
形	総計の	1398	
形	価値がある	1382	
形	敵意のある	1395	
形	不可欠な	1383	
形	懐疑的な	1388	
形	壊れやすい	1389	
形	声の，発声の	1392	
形	十分にありそうな	1385	

3 Drill 69 の復習テスト

✓	単語 なぞって書く	ID	意味を書こう
	signature	1365	
	kidney	1370	
	unprecedented	1380	
	grief	1373	
	formula	1366	
	skull	1375	
	worship	1378	
	aisle	1372	
	tuition	1367	
	outstanding	1379	

✓	単語 なぞって書く	ID	意味を書こう
	tomb	1376	
	intake	1368	
	monk	1377	
	rumor	1363	
	destiny	1374	
	proverb	1364	
	cuisine	1362	
	feast	1361	
	spectrum	1369	
	gear	1371	

忘れていた単語は，p.174 の My Word List へ **GO**

My Word List   Drill 65 ～ 69

～覚えていなかった単語～

単語	意味

単語	意味

最低「5回」は書いて絶対に覚えよう！

Part 2 Section 15

1 書いて記憶 [単語番号：1401 ～ 1420]

学習日：　　月　　日

単語	1回目 意味を確認して単語を書く	2回目 発音しながら単語を書く	3回目 意味に合う単語を書く	意味
1401 **update** [ア][ʌ̀pdéɪt] アップデイト				[動] を最新のものにする；をアップデートする [名] [アク別] 最新情報
1402 **refresh** [rɪfréʃ] リふレッシ				[動] (気分)をさわやかにする；(記憶など)を新たにする；を最新のものにする
1403 **bloom** [bluːm] ブるーム				[動] 花が咲く；栄える [名] 花；開花；最盛期；(熟した果実の表面の)果粉
1404 **conquer** [発][ká(ː)ŋkər] カ(ー)ンカァ				[動] を征服する；を克服する
1405 **induce** [ɪndjúːs] インデュース				[動] を引き起こす；を説得する
1406 **attain** [ətéɪn] アテイン				[動] を獲得する，達成する；に達する
1407 **spray** [spreɪ] スプレイ				[動] を吹きかける，に吹きつける [名] 噴霧(液)；噴霧器
1408 **retrieve** [rɪtríːv] リトゥリーヴ				[動] (情報)を検索する；を取り戻す；を回復する
1409 **portray** [ア][pɔːrtréɪ] ポートゥレイ				[動] を描く；(の役)を演じる
1410 **scratch** [skrætʃ] スクラッチ				[動] を引っかく；を取り消す，削除する [名] 引っかき傷；引っかくこと
1411 **designate** [発][ア][dézɪgnèɪt] デズィグネイト				[動] を指定する；を任命する
1412 **contradict** [ア][kɑ̀(ː)ntrədíkt] カ(ー)ントゥラディクト				[動] と矛盾する；に反対意見を言う
1413 **sigh** [発][saɪ] サイ				[動] ため息をつく [名] ため息
1414 **disrupt** [dɪsrʌ́pt] ディスラプト				[動] を混乱させる；を分裂させる
1415 **depart** [dɪpɑ́ːrt] ディパート				[動] 出発する；それる
1416 **navigate** [nǽvɪgèɪt] ナヴィゲイト				[動] (を)誘導する；(を)操縦する；(を)航行する
1417 **beg** [beg] ベッグ				[動] に切に頼む；(を)懇願する
1418 **inhabit** [ɪnhǽbɪt] インハビット				[動] に住んでいる；に宿る，存する
1419 **diagnose** [dàɪəgnóʊs] ダイアグノウス				[動] (を)診断する
1420 **comprehend** [kɑ̀(ː)mprɪhénd] カ(ー)ンプリヘンド				[動] を理解する

② 記憶から引き出す

意味	ID	単語を書こう	意味	ID	単語を書こう
動 を理解する	1420		動 ため息をつく	1413	
動 を引っかく	1410		動 (を)誘導する	1416	
動 と矛盾する	1412		動 を征服する	1404	
動 (を)診断する	1419		動 を指定する	1411	
動 花が咲く	1403		動 (気分)をさわやかにする	1402	
動 を最新のものにする	1401		動 に切に頼む	1417	
動 を引き起こす	1405		動 出発する	1415	
動 を獲得する, 達成する	1406		動 に住んでいる	1418	
動 を混乱させる	1414		動 (情報)を検索する	1408	
動 を吹きかける, に吹きつける	1407		動 を描く	1409	

③ Drill 70 の復習テスト

✓	単語 なぞって書く	ID	意味を書こう	✓	単語 なぞって書く	ID	意味を書こう
	fragile	1389			compulsory	1384	
	ambiguous	1386			scarce	1397	
	worthwhile	1382			inherent	1399	
	indispensable	1383			superficial	1396	
	gradual	1391			probable	1385	
	static	1390			notable	1400	
	infinite	1381			skeptical	1388	
	obscure	1387			hostile	1395	
	vocal	1392			vivid	1393	
	imperial	1394			gross	1398	

忘れていた単語は, p.186 の My Word List へ GO▶

1 書いて記憶 [単語番号：1421 ～ 1440]

学習日：　　月　　日

単語	1回目 意味を確認して単語を書く	2回目 発音しながら単語を書く	3回目 意味に合う単語を書く	意味
1421 **oblige** [əbláɪdʒ] オブ**ら**イヂ				[動] に**義務づける**；に恩恵を施す
1422 **cram** [kræm] ク**ら**ム				[動] に**詰め込む**；詰め込み勉強をする [名] すし詰め（状態）；詰め込み勉強
1423 **flock** [flɑ(:)k] ふ**ら**(ー)ック				[動] **群がる，集まる** [名] 群れ；群衆
1424 **underestimate** [発] [ʌ̀ndəréstɪmèɪt] アンダ**レ**スティメイト				[動] (を)**過小評価する**；(を)軽く見る；を少なく見積もる [名] [発別] 過小評価，軽視
1425 **clarify** [klǽrəfàɪ] ク**ら**リふァイ				[動] を**明確にする**
1426 **spark** [spɑːrk] ス**パ**ーク				[動] を**引き起こす**；を刺激する；スパークする [名] 火花；ひらめき
1427 **seize** [発] [siːz] **スィ**ーズ				[動] を**つかむ**；を奪い取る；を没収する
1428 **soar** [発] [sɔːr] **ソ**ー				[動] **急上昇する**；空高く飛ぶ
1429 **glow** [gloʊ] グ**ろ**ウ				[動] **光り［照り］輝く**；赤く燃える；紅潮する [名] 輝き；白熱；幸福感
1430 **disguise** [発] [dɪsgáɪz] ディス**ガ**イズ				[動] を**変装させる**；を偽る [名] 変装；見せかけ
1431 **distort** [dɪstɔ́ːrt] ディス**ト**ート				[動] を**歪［ゆが］める**；歪む
1432 **undermine** [ʌ̀ndərmáɪn] アンダ**マ**イン				[動] を**徐々にむしばむ**；を侵食する
1433 **abolish** [アク] [əbɑ́(:)lɪʃ] ア**バ**(ー)りッシ				[動] を**廃止する**
1434 **strip** [strɪp] ストゥ**リ**ップ				[動] を［から］**取り去る**；を裸にする [名] 細長い一片；細長い土地［地区］
1435 **dispose** [dɪspóʊz] ディス**ポ**ウズ				[動] 〔dispose of で〕を**処分する**；を（…する）気にさせる；を配置する
1436 **dump** [dʌmp] **ダ**ンプ				[動] を**投棄する**；をどさっと落とす [名] ごみ捨て場；ごみの山
1437 **weave** [wiːv] **ウィ**ーヴ				[動] を**織る**；（計画・物語など）を作り上げる
1438 **refine** [rɪfáɪn] リ**ふァ**イン				[動] を**洗練する**；を精製する
1439 **enrich** [ɪnrítʃ] イン**リ**ッチ				[動] を**豊かにする**；（物質）を濃縮化する
1440 **coordinate** [発] [koʊɔ́ːrdɪnèɪt] コウ**オ**ーディネイト				[動] を**調整する**；を組織する [名] [発別] 座標；コーディネート [形] [発別] 同等の，対等の

2 記憶から引き出す

意味	ID	単語を書こう
動 を明確にする	1425	
動 急上昇する	1428	
動 を歪める	1431	
動 を豊かにする	1439	
動 に義務づける	1421	
動 に詰め込む	1422	
動 を織る	1437	
動 を徐々にむしばむ	1432	
動 を[から]取り去る	1434	
動 を投棄する	1436	

意味	ID	単語を書こう
動 を処分する	1435	of
動 を廃止する	1433	
動 を洗練する	1438	
動 (を)過小評価する	1424	
動 光り[照り]輝く	1429	
動 をつかむ	1427	
動 を引き起こす	1426	
動 群がる, 集まる	1423	
動 を調整する	1440	
動 を変装させる	1430	

3 Drill71の復習テスト

✔	単語 なぞって書く	ID	意味を書こう
	bloom	1403	
	beg	1417	
	refresh	1402	
	spray	1407	
	diagnose	1419	
	conquer	1404	
	depart	1415	
	scratch	1410	
	sigh	1413	
	disrupt	1414	

✔	単語 なぞって書く	ID	意味を書こう
	retrieve	1408	
	contradict	1412	
	update	1401	
	attain	1406	
	inhabit	1418	
	comprehend	1420	
	induce	1405	
	portray	1409	
	navigate	1416	
	designate	1411	

忘れていた単語は, p.186 の My Word List へ Go▶

単語	1回目 意味を確認して単語を書く	2回目 発音しながら単語を書く	3回目 意味に合う単語を書く	意味
1441 **headline** [hédlàin] ヘッドライン				名 (新聞などの)見出し
1442 **internship** [íntə:rnʃìp] インタ～ンシップ				名 米 実務[医学]研修：研修期間
1443 **outlet** [áutlèt] アウトれット				名 直売店, 特売店：はけ口；米 (電気の)コンセント
1444 **remedy** [rémədi] レメディ				名 治療(法)：治療薬；解決法 動 を改善する；を救済する
1445 **pill** [pɪl] ピる				名 錠剤, 丸薬：(the ~)ピル, 経口避妊薬
1446 **reception** [rɪsépʃən] リセプション				名 反応；宴会；受付；受信(状態)
1447 **transaction** [trænsækʃən] トゥランサクション				名 (商)取引：(人と人との)交流
1448 **mutation** [mjutéɪʃən] ミュテイション				名 突然変異(体)：変化
1449 **dairy** [déəri] デ(ア)リィ				名 (集合的に)乳製品：乳製品加工所[販売者] 形 酪農の
1450 **compassion** [kəmpæʃən] コンパッション				名 同情
1451 **posture** [pá(:)stʃər] パ(ー)スチャ				名 姿勢：心構え 動 気取る；ふりをする
1452 **curse** [kə:rs] カ～ス				名 悪態, ののしりの言葉；呪い；(通例 a ~)災い 動 (を)ののしる；を呪う
1453 **funeral** [fjú:nərəl] ふューネラる				名 葬式 形 葬儀の
1454 **census** [sénsəs] センサス				名 国勢調査：交通調査
1455 **encyclopedia** [ɪnsàɪkləpí:diə] インサイクろピーディア				名 百科事典
1456 **cereal** [síəriəl] スィ(ア)リアる				名 (通例~s)穀物；シリアル(穀物加工食品)
1457 **fragment** [frǽgmənt] ふラグメント				名 断片 動 をばらばらにする；分裂する
1458 **patch** [pætʃ] パッチ				名 部分, 斑点：継ぎ；貼り薬 動 に継ぎを当てる
1459 **rubbish** [rʌ́bɪʃ] ラビッシ				名 英 ごみ；つまらないもの 形 下手な
1460 **maze** [meɪz] メイズ				名 迷路：複雑に込み入ったもの

2 記憶から引き出す

意味	ID	単語を書こう
名 突然変異(体)	1448	
名 国勢調査	1454	
名 米 実務[医学]研修	1442	
名 (商)取引	1447	
名 姿勢	1451	
名 葬式	1453	
名 反応	1446	
名 穀物	1456	
名 部分, 斑点	1458	
名 迷路	1460	

意味	ID	単語を書こう
名 断片	1457	
名 悪態, ののしりの言葉	1452	
名 (新聞などの)見出し	1441	
名 英 ごみ	1459	
名 錠剤, 丸薬	1445	
名 乳製品	1449	
名 百科事典	1455	
名 直売店, 特売店	1443	
名 同情	1450	
名 治療(法)	1444	

3 Drill 72 の復習テスト

✓	単語 なぞって書く	ID	意味を書こう
	spark	1426	
	oblige	1421	
	abolish	1433	
	cram	1422	
	undermine	1432	
	strip	1434	
	clarify	1425	
	glow	1429	
	distort	1431	
	weave	1437	

✓	単語 なぞって書く	ID	意味を書こう
	underestimate	1424	
	flock	1423	
	dump	1436	
	enrich	1439	
	coordinate	1440	
	refine	1438	
	soar	1428	
	dispose	1435	
	disguise	1430	
	seize	1427	

忘れていた単語は, p.186 の My Word List へ **GO**

1 書いて記憶 [単語番号：1461 ～ 1480]

学習日：　　月　　日

単語	1回目 意味を確認して単語を書く	2回目 発音しながら単語を書く	3回目 意味に合う単語を書く	意味
1461 **outlook** [アク][áutlùk] アウトるック				[名] **見解**；見通し；眺め
1462 **breakthrough** [bréɪkθrù:] ブレイクすルー				[名] **大発見，飛躍的進歩**
1463 **triumph** [発][アク][tráɪʌmf] トゥライアンふ				[名] **勝利**；勝利の喜び；偉業 [動] 勝利を得る，成功する
1464 **ally** [発][ǽlàɪ] アらイ				[名] **同盟国**；提携者；援助者；盟友 [動] 同盟[連合]する
1465 **spectator** [アク][spékteɪtər] スペクテイタァ				[名] **(試合などの)観客**
1466 **sphere** [発][sfɪər] スふィア				[名] **領域**；球体；天体
1467 **county** [発][káunti] カウンティ				[名] [米]**郡**；[英]州
1468 **behalf** [bɪhǽf] ビハふ				[名] **利益，味方**
1469 **interval** [アク][íntərvəl] インタヴァる				[名] **(時間の)間隔**；合間；隔たり；小休止
1470 **circulation** [sə̀:rkjuléɪʃən] サ～キュれイション				[名] **循環**；流通；(新聞・雑誌の)発行部数
1471 **blade** [bleɪd] ブれイド				[名] **刃**；(プロペラなどの)羽根；(草などの)葉
1472 **theft** [θeft] せふト				[名] **窃盗(罪)**
1473 **vacuum** [発][アク][vǽkjuəm] ヴァキュアム				[名] **真空**；空虚 [動] (を)電気掃除機で掃除する
1474 **collision** [kəlíʒən] コリジョン				[名] **衝突**；対立
1475 **bargain** [bá:rgɪn] バーゲン				[名] **買い得品**；取引；契約 [動] 交渉をする
1476 **landmark** [lǽndmà:rk] らンドマーク				[名] **(ある場所の)目印**；画期的な出来事
1477 **revenue** [アク][révənjù:] レヴェニュー				[名] **歳入**；収益
1478 **treaty** [発][trí:ti] トゥリーティ				[名] **(国家間の)条約**；協定
1479 **supreme** [発][suprí:m] スプリーム				[形] **最高の**
1480 **thorough** [発][θə́:rou] さ～ロウ				[形] **徹底的な**；まったくの

2 記憶から引き出す

意味	ID	単語を書こう	意味	ID	単語を書こう
名 同盟国	1464		名 刃	1471	
名 郡	1467		名 勝利	1463	
名 見解	1461		名 窃盗(罪)	1472	
名 買い得品	1475		名 利益, 味方	1468	
名 歳入	1477		名 (ある場所の)目印	1476	
名 (時間の)間隔	1469		名 (試合などの)観客	1465	
名 真空	1473		形 最高の	1479	
名 大発見, 飛躍的進歩	1462		名 循環	1470	
名 領域	1466		名 (国家間の)条約	1478	
名 衝突	1474		形 徹底的な	1480	

3 Drill 73の復習テスト

✓	単語 なぞって書く	ID	意味を書こう	✓	単語 なぞって書く	ID	意味を書こう
	headline	1441			reception	1446	
	census	1454			remedy	1444	
	fragment	1457			posture	1451	
	patch	1458			dairy	1449	
	maze	1460			curse	1452	
	encyclopedia	1455			funeral	1453	
	internship	1442			transaction	1447	
	rubbish	1459			cereal	1456	
	outlet	1443			mutation	1448	
	compassion	1450			pill	1445	

忘れていた単語は, p.186 の My Word List へ GO▶

1 書いて記憶 [単語番号：1481 〜 1500]

学習日：　　月　　日

単語	1回目 意味を確認して単語を書く	2回目 発音しながら単語を書く	3回目 意味に合う単語を書く	意味
1481 **naked** [発] [néɪkɪd] ネイキッド				[形] 裸の
1482 **sincere** [ア] [sɪnsíər] スィンスィア				[形] 心からの；誠実な
1483 **tame** [teɪm] テイム				[形] 飼いならされた，人に慣れた；退屈な [動] を飼いならす；を抑える
1484 **insufficient** [ìnsəfíʃənt] インサふィシェント				[形] 不十分な；不適当な
1485 **dim** [dɪm] ディム				[形] 薄暗い；ぼんやりした [動] をぼやけさせる；(感情・記憶などが)薄れる
1486 **acute** [əkjúːt] アキュート				[形] (痛み・感情などが)激しい；(知覚などが)鋭い；急性の
1487 **disabled** [dɪséɪbld] ディセイブるド				[形] 障害のある；障害者用の
1488 **metropolitan** [mètrəpá(ː)lətən] メトゥロパ(ー)リタン				[形] 大都市の，首都圏の [名] 都会人
1489 **monetary** [発] [má(ː)nətèri] マ(ー)ネテリィ				[形] 金銭的な；金融の
1490 **alternate** [発] [ɔ́ːltərnət] オーるタネット				[形] 代わりの；交互の [動] [発] 交互に起こる，交替する
1491 **partial** [発] [pάːrʃəl] パーシャる				[形] 部分的な；不公平な
1492 **divine** [dɪváɪn] ディヴァイン				[形] 神の；神にささげる [動] を推測する，見抜く
1493 **drastic** [drǽstɪk] ドゥラスティック				[形] 徹底的な，抜本的な；極端な
1494 **fierce** [fɪərs] ふィアス				[形] 猛烈な；どう猛な
1495 **sole** [soʊl] ソウる				[形] 唯一の；単独の；独占的な [名] 足の裏；靴底
1496 **spontaneous** [spɑ(ː)ntéɪniəs] スパ(ー)ンテイニアス				[形] 自然発生的な；自発的な
1497 **spatial** [発] [spéɪʃəl] スペイシャる				[形] 空間の
1498 **neat** [niːt] ニート				[形] きちんとした；見事な
1499 **tidy** [táɪdi] タイディ				[形] きちんとした，整頓された；相当の [動] を片づける
1500 **loyal** [lɔ́ɪəl] ろイアる				[形] 忠実な；誠実な

2 記憶から引き出す

意味	ID	単語を書こう
形 心からの	1482	
形 猛烈な	1494	
形 唯一の	1495	
形 （痛み・感情などが）激しい	1486	
形 代わりの	1490	
形 薄暗い	1485	
形 障害のある	1487	
形 空間の	1497	
形 金銭的な	1489	
形 飼いならされた，人に慣れた	1483	

意味	ID	単語を書こう
形 きちんとした，整頓された	1499	
形 忠実な	1500	
形 きちんとした	1498	
形 部分的な	1491	
形 大都市の，首都圏の	1488	
形 裸の	1481	
形 徹底的な，抜本的な	1493	
形 不十分な	1484	
形 自然発生的な	1496	
形 神の	1492	

3 Drill 74の復習テスト

✔	単語 なぞって書く	ID	意味を書こう
	theft	1472	
	spectator	1465	
	behalf	1468	
	revenue	1477	
	bargain	1475	
	sphere	1466	
	collision	1474	
	thorough	1480	
	circulation	1470	
	interval	1469	

✔	単語 なぞって書く	ID	意味を書こう
	triumph	1463	
	landmark	1476	
	treaty	1478	
	supreme	1479	
	outlook	1461	
	vacuum	1473	
	blade	1471	
	county	1467	
	breakthrough	1462	
	ally	1464	

忘れていた単語は，p.186 の My Word List へ **GO**▶

③ Drill 75の復習テスト

✓	単語 なぞって書く	ID	意味を書こう	✓	単語 なぞって書く	ID	意味を書こう
	divine	1492			tidy	1499	
	alternate	1490			sincere	1482	
	naked	1481			metropolitan	1488	
	partial	1491			loyal	1500	
	disabled	1487			fame	1483	
	sole	1495			spatial	1497	
	insufficient	1484			drastic	1493	
	dim	1485			fierce	1494	
	monetary	1489			acute	1486	
	neat	1498			spontaneous	1496	

My Word List   Drill 70 ～ 75
～覚えていなかった単語～

単語	意味

単語	意味

最低「5回」は書いて絶対に覚えよう！

186

Part 3 Section 16

単語	1回目 意味を確認して単語を書く	2回目 発音しながら単語を書く	3回目 意味に合う単語を書く	意味
1501 **bless** [bles] ブれス				動 に**恩恵を与える**；に感謝する
1502 **regain** [rɪɡéɪn] リゲイン				動 **を取り戻す**
1503 **conform** [kənfɔ́ːrm] コンふォーム				動 **順応する**；一致する
1504 **enroll** [ɪnróʊl] インロウる				動 **登録する，入会する**；を登録させる
1505 **entitle** [ɪntáɪtl] インタイトゥる				動 に**権利を与える**；に題名をつける
1506 **halt** ⦿ [hɔːlt] ホーるト				動 **を止める**；止まる 名 (一時的な)停止，休止
1507 **provoke** [prəvóʊk] プロヴォウク				動 **(感情・行動など)を引き起こす**；を挑発する
1508 **invade** [ɪnvéɪd] インヴェイド				動 **を侵略する**；を侵害する；(場所)に殺到する
1509 **squeeze** ⦿ [skwiːz] スクウィーズ				動 **押し入る**；を押し込む；(を)搾る；(を)強く押す 名 搾ること
1510 **crawl** [krɔːl] クローる				動 **はう**：ゆっくり進む 名 はうこと；徐行；クロール

② 記憶から引き出す

意味	ID	単語を書こう
動 **(感情・行動など)を引き起こす**	1507	
動 **を取り戻す**	1502	
動 **押し入る**	1509	
動 に**恩恵を与える**	1501	
動 **を侵略する**	1508	
動 **順応する**	1503	
動 **はう**	1510	
動 **登録する，入会する**	1504	
動 **を止める**	1506	
動 に**権利を与える**	1505	

単語	1回目 意味を確認して単語を書く	2回目 発音しながら単語を書く	3回目 意味に合う単語を書く	意味
1511 **digest** ㋐[dáɪdʒést] ダイヂェスト		⇒	⇓	動 **消化する**；を理解する；を要約する　名 [アク動] 要約，ダイジェスト版
1512 **utter** [ʌ́tər] **ア**タァ		⇒	⇓	動 **(声)を発する**；(考えなど)を述べる　形 完全な，まったくの
1513 **refrain** [rɪfréɪn] りふ**レ**イン		⇒	⇓	動 **控える**　名 (歌などの)繰り返し，リフレイン
1514 **populate** [pá(:)pjulèɪt] **パ**(ー)ピュレイト		⇒	⇓	動 **に住む，の住民である**；に人を住まわせる
1515 **accommodate** ㋐[əká(:)mədèɪt] ア**カ**(ー)モデイト		⇒	⇓	動 **を収容する**；を適応させる
1516 **steer** ㋐[stɪər] ス**ティ**ア		⇒	⇓	動 **(を)操縦する**；を向ける
1517 **drown** ㋐[draʊn] ド**ゥラ**ウン		⇒	⇓	動 **溺死[できし]する**；を水浸しにする
1518 **dip** [dɪp] **ディ**ップ		⇒	⇓	動 **を浸す**；(手など)を突っ込む；下がる　名 ちょっと浸すこと；一泳ぎ；低下；くぼみ
1519 **soak** ㋐[soʊk] **ソ**ウク		⇒	⇓	動 **を浸す**；をずぶぬれにする；浸る
1520 **stir** ㋐[stə:r] ス**タ**～		⇒	⇓	動 **をかき回す**；を揺り動かす　名 かき回すこと；動揺

■2 記憶から引き出す

意味	ID	単語を書こう
動 **をかき回す**	1520	
動 **(声)を発する**	1512	
動 **を消化する**	1511	
動 **を収容する**	1515	
動 **溺死する**	1517	
動 **を浸す**；(手など)を突っ込む	1518	
動 **(を)操縦する**	1516	
動 **を浸す**；をずぶぬれにする	1519	
動 **控える**	1513	
動 **に住む，の住民である**	1514	

■3 Drill 76 の復習テスト

✔	単語 なぞって書く	ID	意味を書こう
	bless	1501	
	halt	1506	
	crawl	1510	
	provoke	1507	
	enroll	1504	
	squeeze	1509	
	conform	1503	
	invade	1508	
	entitle	1505	
	regain	1502	

忘れていた単語は，p.198 の My Word List へ **GO**

単語	1回目 意味を確認して単語を書く	2回目 発音しながら単語を書く	3回目 意味に合う単語を書く	意味
1521 **transplant** [trænsplǽnt] トゥランスプラント				動 を移植する；を移住させる 名 [アク] 移植(手術)
1522 **reassure** [rìːəʃúər] リーアシュア				動 を安心させる
1523 **resume** 發 [rɪzjúːm] リズーム				動 (を)再開する；を取り戻す
1524 **speculate** [spékjulèɪt] スペキュれイト				動 (と)推測する；投機する
1525 **surpass** アク [sərpǽs] サパス				動 を上回る
1526 **appoint** [əpɔ́ɪnt] アポイント				動 を任命する；(日時・場所など)を指定する
1527 **intrigue** 發 [ɪntríːg] イントゥリーグ				動 に興味を持たせる；陰謀を企てる 名 [アク] 陰謀；魅力
1528 **decay** [dɪkéɪ] ディケイ				動 腐敗する；(徐々に)衰える 名 腐敗(した状態)；衰退
1529 **contaminate** アク [kəntǽmɪnèɪt] コンタミネイト				動 を汚染する；を堕落させる
1530 **swell** [swel] スウェる				動 膨張する，腫[は]れる；を膨らませる 名 膨張；増大

2 記憶から引き出す

意味	ID	単語を書こう
動 を任命する	1526	
動 (を)再開する	1523	
動 (と)推測する	1524	
動 を汚染する	1529	
動 腐敗する	1528	
動 を安心させる	1522	
動 に興味を持たせる	1527	
動 を移植する	1521	
動 を上回る	1525	
動 膨張する，腫れる	1530	

3 Drill **77**の復習テスト

✔	単語 なぞって書く	ID	意味を書こう
	stir	1520	
	soak	1519	
	populate	1514	
	digest	1511	
	steer	1516	
	drown	1517	
	refrain	1513	
	utter	1512	
	accommodate	1515	
	dip	1518	

忘れていた単語は，p.198 の My Word List へ **Go**

単語	1回目 意味を確認して単語を書く	2回目 発音しながら単語を書く	3回目 意味に合う単語を書く	意味
1531 **delete** [dɪlíːt] ディリート				動 を削除する, 消す 名 デリートキー, 削除キー
1532 **tolerate** [tá(ː)lərèɪt] タ(ー)れレイト				動 を許容する, 我慢する
1533 **envy** [énvi] エンヴィ				動 をうらやむ 名 ねたみ；羨望；(the ～) 羨望の的
1534 **pray** [preɪ] プレイ				動 (を)祈る
1535 **confess** [kənfés] コンふェス				動 (を)告白する
1536 **resign** [rɪzáɪn] リザイン				動 (を)辞任する；を放棄する
1537 **dissolve** [dɪzá(ː)lv] ディザ(ー)るヴ				動 (を)溶かす；(議会など)を解散する；(契約など)を解消する；溶ける
1538 **unfold** [ʌnfóuld] アンふォウるド				動 (閉じたもの)を開く；を明らかにする；開く；明らかになる
1539 **awaken** [əwéɪkən] アウェイクン				動 を目覚めさせる；覚める
1540 **conceive** [kənsíːv] コンスィーヴ				動 (を)思いつく；と想像する；(を)妊娠する

2 記憶から引き出す

意味	ID	単語を書こう
動 (を)辞任する	1536	
動 (を)祈る	1534	
動 (を)告白する	1535	
動 (閉じたもの)を開く	1538	
動 を削除する, 消す	1531	
動 (を)溶かす	1537	
動 を目覚めさせる	1539	
動 をうらやむ	1533	
動 (を)思いつく	1540	
動 を許容する, 我慢する	1532	

3 Drill 78 の復習テスト

✓	単語 なぞって書く	ID	意味を書こう
	surpass	1525	
	decay	1528	
	speculate	1524	
	transplant	1521	
	resume	1523	
	appoint	1526	
	swell	1530	
	contaminate	1529	
	reassure	1522	
	intrigue	1527	

忘れていた単語は, p.198 の My Word List へ GO

1 書いて記憶 [単語番号：1541 ～ 1550]

学習日：　　月　　日

単語	1回目 意味を確認して単語を書く	2回目 発音しながら単語を書く	3回目 意味に合う単語を書く	意味
1541 **entrepreneur** [ɑ̀:ntrəprənə́:r] アーントゥレプレナ～				[名] 起業家，事業家
1542 **stake** [steɪk] ステイク				[名] 利害関係；〔通例～s〕賭[か]け金；杭[くい] [動] を賭ける；に杭を立てる
1543 **surplus** [アク] [sə́:rplʌs] サ～プラス				[名] 余剰，過剰；黒字 [形] 余分の
1544 **inflation** [ɪnfléɪʃən] インふれイション				[名] インフレ(ーション)；(物価の)高騰
1545 **sweatshop** [swétʃɑ̀(:)p] スウェットシャ(ー)ップ				[名] 搾取工場
1546 **clash** [klæʃ] クラッシ				[名] 衝突；対立；かち合うこと [動] 衝突する；(意見などが)対立する
1547 **sociology** [sòusiɑ́(:)lədʒi] ソウスィア(ー)ろヂィ				[名] 社会学
1548 **ideology** [発] [àɪdiɑ́(:)lədʒi] アイディア(ー)ろヂィ				[名] イデオロギー，思想傾向
1549 **margin** [mɑ́:rdʒɪn] マーヂン				[名] 余白；差；利ざや
1550 **realm** [発] [relm] レるム				[名] 領域；領土

2 記憶から引き出す

意味	ID	単語を書こう
[名] 余剰，過剰	1543	
[名] 搾取工場	1545	
[名] 社会学	1547	
[名] インフレ(ーション)	1544	
[名] 起業家，事業家	1541	
[名] 余白	1549	
[名] 衝突	1546	
[名] 領域	1550	
[名] 利害関係	1542	
[名] イデオロギー，思想傾向	1548	

3 Drill 79の復習テスト

✓	単語 なぞって書く	ID	意味を書こう
	confess	1535	
	pray	1534	
	envy	1533	
	unfold	1538	
	dissolve	1537	
	conceive	1540	
	resign	1536	
	awaken	1539	
	delete	1531	
	tolerate	1532	

忘れていた単語は，p.198 の My Word List へ Go

① 書いて記憶 [単語番号：1551〜1560]

学習日：　　月　　日

単語	1回目 意味を確認して単語を書く	2回目 発音しながら単語を書く	3回目 意味に合う単語を書く	意味
1551 **domain** [douméin] ドウメイン				名 **分野**；領域；ドメイン
1552 **algorithm** [ǽlgəriðm] **ア**るゴリずム				名 **アルゴリズム**；問題解決の手順
1553 **prairie** [préəri] プ**レ**(ア)リィ				名 **大草原**
1554 **frontier** [frʌntíər] ふランティア				名〔通例 the 〜s〕**最先端**；〔the 〜〕辺境地；国境
1555 **bullet** [búlit] **ブ**れット				名 **銃弾**
1556 **shield** [ʃiːld] **シ**ーるド				名 **盾，防御物** 動 を防御する；を隠す
1557 **despair** [dispéər] ディス**ペ**ア				名 **絶望** 動 絶望する
1558 **radiation** [rèidiéiʃən] レイディ**エ**イション				名 **放射能，放射線**
1559 **placebo** [pləsíːbou] プら**スィ**ーボウ				名 **偽薬，プラシーボ**；気休め
1560 **nursery** [nə́ːrsəri] **ナ**〜サリィ				名 **託児所**；苗床

② 記憶から引き出す

意味	ID	単語を書こう
名 絶望	1557	
名 盾，防御物	1556	
名 分野	1551	
名 大草原	1553	
名 銃弾	1555	
名 最先端	1554	
名 偽薬，プラシーボ	1559	
名 放射能，放射線	1558	
名 託児所	1560	
名 アルゴリズム	1552	

③ Drill 80 の復習テスト

✓	単語 なぞって書く	ID	意味を書こう
	inflation	1544	
	entrepreneur	1541	
	realm	1550	
	margin	1549	
	surplus	1543	
	sociology	1547	
	clash	1546	
	ideology	1548	
	sweatshop	1545	
	stake	1542	

忘れていた単語は，p.198 の My Word List へ **GO**

単語	1回目 意味を確認して単語を書く	2回目 発音しながら単語を書く	3回目 意味に合う単語を書く	意味
1561 **spouse** 🔊 [spaʊs] スパウス				名 配偶者
1562 **makeup** [méɪkʌ̀p] メイカップ				名 化粧；化粧品；構成；性質
1563 **mummy** [mʌ́mi] マミィ				名 ミイラ；奥 ママ，お母さん
1564 **flesh** [fleʃ] ふれッシ				名 (人・動物の)肉；果肉
1565 **limb** 🔊 [lɪm] リム				名 手足
1566 **odor** 🔊 [óʊdər] オウダァ				名 におい；気配
1567 **laundry** 🔊 [lɔ́:ndri] ローンドゥリィ				名 洗濯(物)；クリーニング店
1568 **tide** [taɪd] タイド				名 潮(の干満)；動向
1569 **questionnaire** 🔈 [kwèstʃənéər] クウエスチョネア				名 アンケート
1570 **nonsense** [nɑ́(:)nsens] ナ(ー)ンセンス				名 ばかげた物[話，考え]；無意味な言葉 形 無意味な

2 記憶から引き出す

意味	ID	単語を書こう
名 ばかげた物[話，考え]	1570	
名 化粧	1562	
名 ミイラ	1563	
名 配偶者	1561	
名 手足	1565	
名 潮(の干満)	1568	
名 アンケート	1569	
名 (人・動物の)肉	1564	
名 におい	1566	
名 洗濯(物)	1567	

3 Drill **81** の復習テスト

✓	単語 なぞって書く	ID	意味を書こう
	shield	1556	
	bullet	1555	
	radiation	1558	
	frontier	1554	
	placebo	1559	
	algorithm	1552	
	despair	1557	
	domain	1551	
	nursery	1560	
	prairie	1553	

忘れていた単語は，p.198 の My Word List へ Go

Drill 83

[1] 書いて記憶 [単語番号：1571 ～ 1580]

学習日：　　月　　日

単語	1回目 意味を確認して単語を書く	2回目 発音しながら単語を書く	3回目 意味に合う単語を書く	意味
1571 **revenge** [rɪvéndʒ] リヴェンヂ				[名] 復讐[ふくしゅう] [動] 〔revenge *oneself* または受身形で〕復讐する
1572 **intellect** [アク] [íntəlèkt] インテレクト				[名] 知性；〔the ～(s)〕知識人
1573 **hospitality** [hɑ̀(:)spətǽləti] ハ(ー)スピタリティ				[名] 親切なもてなし，歓待；受容性
1574 **librarian** [アク] [laɪbréəriən] ライブレ(ア)リアン				[名] 司書，図書館員
1575 **manuscript** [アク] [mǽnjuskrìpt] マニュスクリプト				[名] (手書きの)原稿；写本
1576 **obsession** [əbséʃən] オブセッション				[名] (考えなどに)取りつかれること；妄想；強迫観念
1577 **hygiene** [発] [háɪdʒiːn] ハイヂーン				[名] 衛生(状態)；健康法
1578 **paradigm** [発] [pǽrədàɪm] パラダイム				[名] 理論的枠組み，パラダイム；模範
1579 **legitimate** [発] [lɪdʒítəmət] リヂティミット				[形] 合法的な；妥当な
1580 **authentic** [発] [ɔːθéntɪk] オーセンティック				[形] 本物の；信頼できる

[2] 記憶から引き出す

意味	ID	単語を書こう
[名] 理論的枠組み，パラダイム	1578	
[名] 司書，図書館員	1574	
[形] 合法的な	1579	
[名] 親切なもてなし，歓待	1573	
[名] (手書きの)原稿	1575	
[名] (考えなどに)取りつかれること	1576	
[形] 本物の	1580	
[名] 衛生(状態)	1577	
[名] 復讐	1571	
[名] 知性	1572	

[3] Drill 82の復習テスト

✓	単語 なぞって書く	ID	意味を書こう
	makeup	1562	
	mummy	1563	
	questionnaire	1569	
	limb	1565	
	spouse	1561	
	tide	1568	
	nonsense	1570	
	laundry	1567	
	flesh	1564	
	odor	1566	

忘れていた単語は，p.198 の My Word List へ GO

単語	1回目 意味を確認して単語を書く	2回目 発音しながら単語を書く	3回目 意味に合う単語を書く	意味
1581 **empirical** [ɪmpírɪkəl] インピリカる				形 経験的な：経験主義の
1582 **immense** [ɪméns] イメンス				形 膨大な
1583 **absurd** [əbsə́ːrd] アブ**サ**〜ド				形 ばかげた：不合理な
1584 **weird** 奥 [wíərd] **ウィ**アド				形 異様な，奇妙な
1585 **accidental** 祝 [æ̀ksɪdéntəl] アクスィ**デ**ンタる				形 偶然の；過失による
1586 **uneasy** [ʌníːzi] アニーズィ				形 不安な：落ち着かない；ぎこちない
1587 **jealous** 奥 [dʒéləs] **ヂェ**らス				形 嫉妬 [しっと] 深い；用心深い
1588 **feminine** [fémənɪn] **ふェ**ミニン				形 女らしい
1589 **swift** [swíft] ス**ウィ**ふト				形 素早い
1590 **hollow** [há(ː)loʊ] **ハ**(ー)ろウ				形 空洞の：空虚な；うわべだけの 名 くぼみ；空洞；空虚

❷ 記憶から引き出す

意味	ID	単語を書こう
形 膨大な	1582	
形 嫉妬深い	1587	
形 女らしい	1588	
形 空洞の	1590	
形 不安な	1586	
形 異様な，奇妙な	1584	
形 経験的な	1581	
形 偶然の	1585	
形 ばかげた	1583	
形 素早い	1589	

❸ Drill**83**の復習テスト

✓	単語 なぞって書く	ID	意味を書こう
	authentic	1580	
	hospitality	1573	
	obsession	1576	
	revenge	1571	
	legitimate	1579	
	hygiene	1577	
	manuscript	1575	
	librarian	1574	
	intellect	1572	
	paradigm	1578	

忘れていた単語は，p.198 の My Word List へ **Go** ▶

Drill 85 1 書いて記憶 [単語番号：1591 ～ 1600]

学習日：　　月　　日

単語	1回目 意味を確認して単語を書く	2回目 発音しながら単語を書く	3回目 意味に合う単語を書く	意味
1591 **crude** [kru:d] クルード				[形] 大まかな；粗野な；未精製の
1592 **sore** [sɔ:r] ソー				[形] 痛い；腹が立って
1593 **pessimistic** [ア] [pèsəmístɪk] ペスィミスティック				[形] 悲観的な
1594 **vain** [veɪn] ヴェイン				[形] 無駄な；うぬぼれた
1595 **susceptible** [発] [səséptəbl] サセプタブる				[形] 影響を受けやすい；感染しやすい
1596 **edible** [édəbl] エダブる				[形] 食用の，食べられる [名] 〔~s〕食用品
1597 **sheer** [ʃɪər] シア				[形] 純然たる，真の；すごい；(布が)薄地の [副] まったく，すっかり；垂直に
1598 **explicit** [ア] [ɪksplísɪt] イクスプリスィット				[形] 明白な；率直な
1599 **prone** [proʊn] プロウン				[形] なりやすい；傾向がある
1600 **affluent** [ア] [ǽfluənt] アふるエント				[形] 裕福な；豊富な

2 記憶から引き出す

意味	ID	単語を書こう
[形] 悲観的な	1593	
[形] 影響を受けやすい	1595	
[形] 食用の，食べられる	1596	
[形] 無駄な	1594	
[形] 純然たる，真の	1597	
[形] 明白な	1598	
[形] 裕福な	1600	
[形] 大まかな	1591	
[形] 痛い	1592	
[形] なりやすい	1599	

3 Drill 84の復習テスト

✓	単語 なぞって書く	ID	意味を書こう
	accidental	1585	
	empirical	1581	
	weird	1584	
	hollow	1590	
	immense	1582	
	jealous	1587	
	uneasy	1586	
	swift	1589	
	absurd	1583	
	feminine	1588	

忘れていた単語は，p.198 の My Word List へ GO

My Word List   <small>Drill</small> 76 〜 84
〜覚えていなかった単語〜

単語	意味

単語	意味

最低「5回」は書いて絶対に覚えよう！

Part 3 Section 17

単語	1回目 意味を確認して単語を書く	2回目 発音しながら単語を書く	3回目 意味に合う単語を書く	意味
1601 **collaborate** [kəlǽbərèɪt] コらバレイト				動 共同して働く：協力する
1602 **exert** ⚡🔁 [ɪgzə́ːrt] イグ**ザ**〜ト				動 を及ぼす：（力など）を行使する
1603 **excel** 🔁 [ɪksél] イク**セ**る				動 秀でている：に勝る
1604 **prosper** [prá(ː)spər] プ**ラ**(ー)スパァ				動 栄える，成功する：繁殖する
1605 **surge** [sɜːrdʒ] **サ**〜ヂ				動 殺到する：（感情が）こみ上げる；急騰する　名 （感情の）高まり；殺到；急騰
1606 **intervene** 🔁 [ìntərvíːn] インタ**ヴィ**ーン				動 介入する：介在する
1607 **insert** 🔁 [ɪnsə́ːrt] イン**サ**〜ト				動 を挿入する
1608 **overtake** [òʊvərtéɪk] オウヴァ**テ**イク				動 を追い抜く：に追いつく；（災難・強い感情などが）を襲う
1609 **snap** [snæp] ス**ナ**ップ				動 をパチンと鳴らす；をポキッと折る；ポキッと折れる　名 パチンと鳴ること
1610 **carve** [kɑːrv] **カ**ーヴ				動 を彫る；を切り開く；（肉）を切り分ける

② 記憶から引き出す

意味	ID	単語を書こう
動 を彫る	1610	
動 殺到する	1605	
動 をパチンと鳴らす	1609	
動 秀でている	1603	
動 を追い抜く	1608	
動 を及ぼす	1602	
動 共同して働く	1601	
動 を挿入する	1607	
動 栄える，成功する	1604	
動 介入する	1606	

③ Drill**85**の復習テスト

✔	単語 なぞって書く	ID	意味を書こう
	susceptible	1595	
	affluent	1600	
	sore	1592	
	vain	1594	
	pessimistic	1593	
	crude	1591	
	edible	1596	
	explicit	1598	
	prone	1599	
	sheer	1597	

忘れていた単語は，p.210 の My Word List へ **GO**▶

1 書いて記憶 [単語番号：1611〜1620]　　　　　　　学習日：　　月　　日

単語	1回目 意味を確認して単語を書く	2回目 発音しながら単語を書く	3回目 意味に合う単語を書く	意味
1611 **addict** [ədíkt] アディクト				動 〔受身形で〕**中毒になる**；（〜に）凝る　名 〔翔〕（麻薬などの）常習者；(熱狂的な)ファン
1612 **condemn** ❀ [kəndém] コンデム				動 **を非難する**；〔受身形で〕宣告される
1613 **convict** ㋐ [kənvíkt] コンヴィクト				動 **に有罪を宣告する** 名 〔翔〕有罪判決を受けた者，受刑者
1614 **dictate** ㋐ [díkteɪt] ディクテイト				動 **を指図する**；を書き取らせる；を規定する
1615 **prescribe** ㋐ [prɪskráɪb] プリスクライブ				動 （薬など）**を処方する**；を規定する
1616 **inhibit** [ɪnhíbət] インヒビット				動 **を抑制する**；を妨げる
1617 **stray** [streɪ] ストゥレイ				動 **はぐれる，(道に)迷う** 形 はぐれた；迷った
1618 **roam** ❀ [roʊm] ロウム				動 （を）**歩き回る**；放浪する
1619 **enclose** [ɪnklóʊz] インクろウズ				動 **を同封する**；を取り囲む
1620 **execute** ❀ ㋐ [éksɪkjùːt] エクスィキュート				動 **を実行する**；を処刑する

2 記憶から引き出す

意味	ID	単語を書こう
動 を指図する	1614	
動 （を）歩き回る	1618	
動 はぐれる, (道に)迷う	1617	
動 を同封する	1619	
動 に有罪を宣告する	1613	
動 を実行する	1620	
動 を抑制する	1616	
動 を非難する	1612	
動 （薬など）を処方する	1615	
動 中毒になる	1611	

3 Drill **86** の復習テスト

✔	単語 なぞって書く	ID	意味を書こう
	exert	1602	
	overtake	1608	
	collaborate	1601	
	carve	1610	
	surge	1605	
	insert	1607	
	prosper	1604	
	intervene	1606	
	excel	1603	
	snap	1609	

忘れていた単語は, p.210 の My Word List へ **GO**

単語	1回目 意味を確認して単語を書く	2回目 発音しながら単語を書く	3回目 意味に合う単語を書く	意味
1621 **coincide** 東 ② [kòʊɪnsáɪd] コウインサイド				動 同時に起こる：一致する
1622 **lag** [læg] ラグ				動 遅れる：徐々に弱まる 名 遅れること；(時間の)ずれ
1623 **cling** [klɪŋ] クリング				動 しがみつく：くっつく
1624 **erase** [ɪréɪs] イレイス				動 を消す
1625 **grind** [graɪnd] グラインド				動 (穀物など)をひく
1626 **knit** 東 [nɪt] ニット				動 を編む；を結合する；編み物をする 名 ニット製品：編み方
1627 **inquire** ② [ɪnkwáɪər] インクワイア				動 (を)尋ねる
1628 **betray** [bɪtréɪ] ビトゥレイ				動 をうっかり表す；を裏切る
1629 **leak** [li:k] リーク				動 漏れる；を漏らす 名 漏れ(穴)；漏洩 [{お}]
1630 **smash** [smæʃ] スマッシ				動 を粉砕する；を強打する；粉々に壊れる；激突する 名 粉々に壊れること；激突

2 記憶から引き出す

意味	ID	単語を書こう
動 同時に起こる	1621	
動 (穀物など)をひく	1625	
動 しがみつく	1623	
動 遅れる	1622	
動 を消す	1624	
動 (を)尋ねる	1627	
動 をうっかり表す	1628	
動 を粉砕する	1630	
動 を編む	1626	
動 漏れる	1629	

3 Drill**87**の復習テスト

✓	単語 なぞって書く	ID	意味を書こう
	addict	1611	
	prescribe	1615	
	roam	1618	
	stray	1617	
	dictate	1614	
	enclose	1619	
	condemn	1612	
	inhibit	1616	
	execute	1620	
	convict	1613	

忘れていた単語は，p.210 の **My Word List** へ **Go**

1 書いて記憶 [単語番号：1631 ～ 1640]

学習日：　　月　　日

単語	1回目 意味を確認して単語を書く	2回目 発音しながら単語を書く	3回目 意味に合う単語を書く	意味
1631 **bounce** [発] [bauns] バウンス				[動] 跳ねる；反射する；を弾ませる [名] 跳ね返り，バウンド
1632 **sprawl** [sprɔ:l] スプロール				[動] (都市などが) 不規則に広がる；だらしなく手足を伸ばす [名] スプロール現象
1633 **converse** [kənvə́:rs] コンヴァ～ス				[動] 会話をする
1634 **recite** [rɪsáɪt] リサイト				[動] を暗唱する；を詳述する
1635 **disregard** [dìsrɪgá:rd] ディスリガード				[動] を無視する；を軽視する [名] 無視，無関心
1636 **frown** [発] [fraun] ふラウン				[動] 眉[まゆ]をひそめる [名] しかめっ面
1637 **evoke** [ɪvóuk] イヴォウク				[動] を呼び起こす
1638 **pledge** [pledʒ] プれッヂ				[動] を誓う，約束する；を与えることを約束する [名] 誓約；公約；担保
1639 **aspire** [əspáɪər] アスパイア				[動] 熱望する
1640 **contemplate** [アク] [ká(:)ntəmplèɪt] カ(ー)ンテンプれイト				[動] (を) 熟考する；を予想する

2 記憶から引き出す

意味	ID	単語を書こう
[動] 跳ねる	1631	
[動] 眉をひそめる	1636	
[動] 熱望する	1639	
[動] を呼び起こす	1637	
[動] を無視する	1635	
[動] を誓う，約束する	1638	
[動] (を) 熟考する	1640	
[動] 会話をする	1633	
[動] を暗唱する	1634	
[動] (都市などが) 不規則に広がる	1632	

3 Drill 88 の復習テスト

✓	単語 なぞって書く	ID	意味を書こう
	inquire	1627	
	cling	1623	
	lag	1622	
	betray	1628	
	grind	1625	
	coincide	1621	
	erase	1624	
	leak	1629	
	knit	1626	
	smash	1630	

忘れていた単語は，p.210 の My Word List へ Go

Drill 90

1 書いて記憶 [単語番号：1641 ～ 1650]

学習日：　月　日

単語	1回目 意味を確認して単語を書く	2回目 発音しながら単語を書く	3回目 意味に合う単語を書く	意味
1641 **grace** [greɪs] グレイス				[名] 優美，優雅；分別；(神の)恩寵[おんちょう]
1642 **enlightenment** [ɪnláɪtənmənt] インらイトゥンメント				[名] 啓蒙，啓発
1643 **commerce** [ア] [ká(:)mərs] カ(ー)マス				[名] 商業；貿易
1644 **draft** [発] [dræft] ドゥラふト				[名] 下書き；為替手形；隙間風 [動] の下書きをする，草稿を書く
1645 **barrel** [ア] [bǽrəl] バレる				[名] バレル(液量の単位)；たる [動] をたるに詰める；(車が)疾走する
1646 **timber** [tímbər] ティンバァ				[名] [英] 木材；樹木
1647 **garment** [gá:rmənt] ガーメント				[名] 衣服
1648 **thread** [発] [θred] すレッド				[名] 糸；(議論などの)筋道 [動] に糸を通す；(を)縫うように進む
1649 **cabinet** [kǽbɪnət] キャビネット				[名] 〔しばしば the C-〕内閣；戸棚
1650 **bureau** [発] [bjúərou] ビュ(ア)ロウ				[名] (官庁の)局；事務局；案内所

2 記憶から引き出す

意味	ID	単語を書こう
[名] [英] 木材	1646	
[名] 啓蒙，啓発	1642	
[名] 内閣	1649	
[名] 糸	1648	
[名] 衣服	1647	
[名] バレル	1645	
[名] (官庁の)局	1650	
[名] 下書き	1644	
[名] 優美，優雅	1641	
[名] 商業	1643	

3 Drill 89の復習テスト

✓	単語 なぞって書く	ID	意味を書こう
	frown	1636	
	pledge	1638	
	evoke	1637	
	contemplate	1640	
	disregard	1635	
	sprawl	1632	
	aspire	1639	
	converse	1633	
	bounce	1631	
	recite	1634	

忘れていた単語は，p.210 の My Word List へ GO

Drill 91 1 書いて記憶 [単語番号：1651 ～ 1660]

学習日：　　月　　日

単語	1回目 意味を確認して単語を書く	2回目 発音しながら単語を書く	3回目 意味に合う単語を書く	意味
1651 **autonomy** [ɔːtá(ː)nəmi] オータ(ー)ノミィ				[名] (個人の)自律；自治(権)；自治体
1652 **toll** [発] [toul] トウる				[名] 損害(の程度)；死傷者数；通行料
1653 **discourse** [アク] [dískɔːrs] ディスコース				[名] 話し合い，会話；講演；論説 [動] [アク別] 論じる
1654 **superstition** [sùːpərstíʃən] スーパースティション				[名] 迷信
1655 **glimpse** [glɪmps] グリン(プ)ス				[名] ちらりと見えること [動] をちらりと見る
1656 **arithmetic** [アク] [əríθmətɪk] アリすメティック				[名] 計算；算数 [形] [発別] 算数の，算術の
1657 **glossary** [glá(ː)səri] グら(ー)サリィ				[名] 用語小辞典；用語集
1658 **archive** [発] [áːrkàɪv] アーカイヴ				[名] 〔しばしば～s〕記録文書，公文書；公文書保管所 [動] を保管する
1659 **legacy** [発] [légəsi] れガスィ				[名] 遺産 [形] 時代遅れの
1660 **anthropology** [アク] [ænθrəpá(ː)lədʒi] アンすロパ(ー)ろヂィ				[名] 人類学

2 記憶から引き出す

意味	ID	単語を書こう
[名] 遺産	1659	
[名] 損害(の程度)	1652	
[名] 用語小辞典	1657	
[名] 計算	1656	
[名] 記録文書，公文書	1658	
[名] (個人の)自律	1651	
[名] 迷信	1654	
[名] 人類学	1660	
[名] 話し合い，会話	1653	
[名] ちらりと見えること	1655	

3 Drill 90の復習テスト

✓	単語 なぞって書く	ID	意味を書こう
	enlightenment	1642	
	timber	1646	
	bureau	1650	
	thread	1648	
	draft	1644	
	grace	1641	
	commerce	1643	
	barrel	1645	
	garment	1647	
	cabinet	1649	

忘れていた単語は，p.210 の My Word List へ Go

単語	1回目 意味を確認して単語を書く	2回目 発音しながら単語を書く	3回目 意味に合う単語を書く	意味
1661 **rage** [reɪdʒ] レイヂ				名 激怒；猛威 動 激怒する；猛威を振るう
1662 **sorrow** [sɔ́(:)rou] ソ(ー)ロウ				名 悲しみ
1663 **psychiatrist** [saɪkáɪətrɪst] サイカイアトゥリスト				名 精神科医
1664 **ward** [wɔːrd] ウォード				名 行政区；病棟
1665 **stall** [stɔːl] ストーる				名 露店；エンスト；失速 動 (自動車などが)止まる；失速する
1666 **flame** [fleɪm] ふれイム				名 炎；情熱 動 炎を上げて燃える；興奮する
1667 **moisture** [mɔ́ɪstʃər] モイスチャ				名 水分；湿気
1668 **irony** [áɪərəni] アイ(ア)ロニィ				名 皮肉
1669 **warrior** [wɔ́(:)riər] ウォ(ー)リア				名 戦士
1670 **astronomy** [əstrá(:)nəmi] アストゥラ(ー)ノミィ				名 天文学

2 記憶から引き出す

意味	ID	単語を書こう
名 悲しみ	1662	
名 激怒	1661	
名 水分	1667	
名 戦士	1669	
名 天文学	1670	
名 露店	1665	
名 炎	1666	
名 皮肉	1668	
名 行政区	1664	
名 精神科医	1663	

3 Drill**91**の復習テスト

✓	単語 なぞって書く	ID	意味を書こう
	superstition	1654	
	glossary	1657	
	discourse	1653	
	arithmetic	1656	
	autonomy	1651	
	toll	1652	
	archive	1658	
	legacy	1659	
	glimpse	1655	
	anthropology	1660	

忘れていた単語は，p.210 の My Word List へ **Go**

単語	1回目 意味を確認して単語を書く	2回目 発音しながら単語を書く	3回目 意味に合う単語を書く	意味
1671 **probe** 発 [proʊb] プロウブ				名 (無人)宇宙探査機；精査；探り針　動 (を)精査する；(探り針で)(を)調べる
1672 **altitude** [ǽltɪtjùːd] あるティテュード				名 高度，標高
1673 **tumor** [tjúːmər] テューマァ				名 腫瘍[しゅよう]；腫れ物
1674 **defect** 発 [díːfekt] ディーふェクト				名 欠陥；不足　動 [アク] (敵側に)寝返る；離脱する
1675 **sanitation** [sæ̀nɪtéɪʃən] サニテイション				名 公衆衛生(学)；下水[衛生]設備
1676 **longevity** [lɑ(ː)ndʒévəti] ら(ー)ンぢェヴィティ				名 長寿；寿命；長年勤続
1677 **scope** [skoʊp] スコウプ				名 (活動・能力などの)範囲；余地　動 を詳しく調べる
1678 **sentiment** アク [séntəmənt] センティメント				名 感情；感想；感傷
1679 **plausible** [plɔ́ːzəbl] プローズィブる				形 もっともらしい
1680 **vigorous** [vígərəs] ヴィガラス				形 精力的な；激しい；活力のある

■2 記憶から引き出す

意味	ID	単語を書こう
名 公衆衛生(学)	1675	
名 (活動・能力などの)範囲	1677	
形 精力的な	1680	
名 腫瘍	1673	
名 長寿	1676	
名 感情	1678	
名 欠陥	1674	
形 もっともらしい	1679	
名 (無人)宇宙探査機	1671	
名 高度，標高	1672	

■3 Drill **92** の復習テスト

✓	単語 なぞって書く	ID	意味を書こう
	irony	1668	
	warrior	1669	
	ward	1664	
	sorrow	1662	
	flame	1666	
	psychiatrist	1663	
	rage	1661	
	moisture	1667	
	astronomy	1670	
	stall	1665	

忘れていた単語は，p.210 の My Word List へ **GO**

1 書いて記憶 [単語番号：1681 ～ 1690]

学習日：　　月　　日

単語	1回目 意味を確認して単語を書く	2回目 発音しながら単語を書く	3回目 意味に合う単語を書く	意味
1681 **masculine** [アク] [mǽskjulən] マスキュリン				[形] 男らしい
1682 **rigid** [発] [rídʒɪd] リヂッド				[形] 厳しい；硬直した
1683 **adverse** [ædvə́:rs] アドヴァ～ス				[形] 不都合な；逆の
1684 **coherent** [発] [kouhíərənt] コウヒアレント				[形] 一貫した，筋の通った；結束した
1685 **literal** [lítərəl] りテラる				[形] 文字どおりの；逐語的な；散文的な
1686 **arbitrary** [アク] [ɑ́:rbətrèri] アービトゥレリィ				[形] 恣意[しい]的な；独断的な
1687 **anonymous** [アク] [ənɑ́(:)nɪməs] アナ(ー)ニマス				[形] 匿名の
1688 **antique** [発] [æntí:k] アンティーク				[形] 骨董[こっとう]の，アンティークの；古風な [名] 骨董品，アンティーク
1689 **eternal** [ɪtə́:rnəl] イタ～ヌる				[形] 永遠の；不変の
1690 **intermediate** [発] [ìntərmí:diət] インタミーディエット				[形] 中級の；中間の

2 記憶から引き出す

意味	ID	単語を書こう
[形] 厳しい	1682	
[形] 骨董の，アンティークの	1688	
[形] 匿名の	1687	
[形] 文字どおりの	1685	
[形] 永遠の	1689	
[形] 一貫した，筋の通った	1684	
[形] 不都合な	1683	
[形] 中級の	1690	
[形] 男らしい	1681	
[形] 恣意的な	1686	

3 Drill 93の復習テスト

✓	単語 なぞって書く	ID	意味を書こう
	vigorous	1680	
	defect	1674	
	altitude	1672	
	longevity	1676	
	plausible	1679	
	sanitation	1675	
	tumor	1673	
	scope	1677	
	sentiment	1678	
	probe	1671	

忘れていた単語は，p.210 の My Word List へ GO

単語	1回目 意味を確認して単語を書く	2回目 発音しながら単語を書く	3回目 意味に合う単語を書く	意味
1691 **subordinate** [səbɔ́:rdɪnət] サボーディネット		⟹	⟹	形 下位の；副次的な 名 部下；従属物 動 🔃を下位に置く
1692 **gloomy** [glú:mi] グルーミィ		⟹	⟹	形 陰気な；薄暗い；悲観的な
1693 **thermal** [θə́:rməl] さ〜マル		⟹	⟹	形 熱の，熱による；保温用の 名 上昇温暖気流；(~s)保温下着
1694 **faint** [feɪnt] フェイント		⟹	⟹	形 かすかな；めまいがする；弱々しい 動 気を失う　名 気絶
1695 **naive** [naɪí:v] ナイイーヴ		⟹	⟹	形 お人よしの，愚直な；純朴な
1696 **apt** [æpt] アプト		⟹	⟹	形 傾向がある；適切な；利発な
1697 **arrogant** [ǽrəgənt] アロガント		⟹	⟹	形 横柄な，傲慢な
1698 **extrovert** [ékstrəvə̀:rt] エクストゥラヴァ〜ト		⟹	⟹	形 外向的な：社交的な 名 外向性の人；活発な人，社交家
1699 **conspicuous** [kənspíkjuəs] コンスピキュアス		⟹	⟹	形 目立つ
1700 **intact** [ɪntǽkt] インタクト		⟹	⟹	形 損なわれていない，手つかずの

■2 記憶から引き出す

意味	ID	単語を書こう
形 傾向がある	1696	
形 損なわれていない，手つかずの	1700	
形 下位の	1691	
形 お人よしの，愚直な	1695	
形 陰気な	1692	
形 横柄な，傲慢な	1697	
形 目立つ	1699	
形 かすかな	1694	
形 外向的な	1698	
形 熱の，熱による	1693	

■3 Drill 94の復習テスト

✔	単語 なぞって書く	ID	意味を書こう
	rigid	1682	
	literal	1685	
	antique	1688	
	arbitrary	1686	
	intermediate	1690	
	coherent	1684	
	adverse	1683	
	anonymous	1687	
	masculine	1681	
	eternal	1689	

忘れていた単語は，p.210 の My Word List へ Go

My Word List   Drill 85 ～ 94
~覚えていなかった単語~

単語	意味

単語	意味

最低「5回」は書いて絶対に覚えよう！

Part 3 Section 18

Drill 96

1 書いて記憶 [単語番号：1701 ～ 1710]

学習日：　　月　　日

単語	1回目 意味を確認して単語を書く	2回目 発音しながら単語を書く	3回目 意味に合う単語を書く	意味
1701 **embody** [ɪmbá(ː)di] インバ(ー)ディ				[動] を具現する；を包含する
1702 **illuminate** [発][ア] [ɪlúːmɪnèɪt] イるーミネイト				[動] を照らす；を解明する
1703 **console** [kənsóʊl] コンソウる				[動] を慰める [名] [発別] コンピューターの入力操作装置
1704 **verify** [vérɪfàɪ] ヴェリふァイ				[動] の正しさを証明[確認]する
1705 **disclose** [dɪsklóʊz] ディスクろウズ				[動] を公表する，暴く
1706 **stack** [stæk] スタック				[動] を積む，積み重ねる；(～ up で) (車が) 渋滞する [名] 積み重ね，堆積
1707 **rotate** [ア] [róʊteɪt] ロウテイト				[動] 回転する；循環する；を回転させる
1708 **constrain** [kənstréɪn] コンストゥレイン				[動] に強いる；を抑える
1709 **hinder** [híndər] ヒンダァ				[動] を妨げる
1710 **withstand** [wɪðstǽnd] ウィずスタンド				[動] に耐える

2 記憶から引き出す

意味	ID	単語を書こう
[動] を慰める	1703	
[動] を公表する，暴く	1705	
[動] を照らす	1702	
[動] 回転する	1707	
[動] に耐える	1710	
[動] を具現する	1701	
[動] に強いる	1708	
[動] を積む，積み重ねる	1706	
[動] を妨げる	1709	
[動] の正しさを証明[確認]する	1704	

3 Drill 95 の復習テスト

✓	単語 なぞって書く	ID	意味を書こう
	intact	1700	
	faint	1694	
	arrogant	1697	
	apt	1696	
	thermal	1693	
	extrovert	1698	
	gloomy	1692	
	subordinate	1691	
	naive	1695	
	conspicuous	1699	

忘れていた単語は，p.222 の My Word List へ GO

① 書いて記憶 [単語番号：1711 〜 1720]　　　　学習日：　　月　　日

単語	1回目 意味を確認して単語を書く	2回目 発音しながら単語を書く	3回目 意味に合う単語を書く	意味
1711 **tweet** [twíːt] トゥウィート		⇒	⇒	動 (を)ツイートする, つぶやく 名 小鳥のさえずり；ツイート
1712 **sneeze** [sníːz] スニーズ		⇒	⇒	動 くしゃみをする 名 くしゃみ
1713 **erupt** [ɪrʌ́pt] イラプト		⇒	⇒	動 (火山が)噴火する；勃発[ぼっ]する
1714 **blur** ⊕ [bláːr] ブラ〜		⇒	⇒	動 をぼかす；を曇らせる；をあいまいにする 名 ぼんやり見えるもの；汚れ
1715 **overlap** [òuvərlǽp] オウヴァラップ		⇒	⇒	動 (一部)重なる；(と)重複[共通]する　名 アク 重複部分；(画面の)オーバーラップ
1716 **embed** [ɪmbéd] インベッド		⇒	⇒	動 (通例受身形で)埋め込まれる, はめ込まれる　名 動別 従軍記者[ジャーナリスト]
1717 **displace** [dɪspléɪs] ディスプれイス		⇒	⇒	動 に取って代わる；を移動させる
1718 **render** [réndər] レンダァ		⇒	⇒	動 を(ある状態に)する；(援助など)を与える
1719 **plunge** [plʌ́ndʒ] プランヂ		⇒	⇒	動 (を)突っ込む；没頭する；陥る 名 突っ込むこと；急落
1720 **surrender** [səréndər] サレンダァ		⇒	⇒	動 を放棄する, 引き渡す；屈する 名 降伏；放棄

② 記憶から引き出す

意味	ID	単語を書こう
動 (一部)重なる	1715	
動 (を)ツイートする, つぶやく	1711	
動 に取って代わる	1717	
動 を(ある状態に)する	1718	
動 埋め込まれる, はめ込まれる	1716	
動 を放棄する, 引き渡す	1720	
動 をぼかす	1714	
動 くしゃみをする	1712	
動 (を)突っ込む	1719	
動 (火山が) 噴火する	1713	

③ Drill 96 の復習テスト

✓	単語 なぞって書く	ID	意味を書こう
	stack	1706	
	hinder	1709	
	verify	1704	
	rotate	1707	
	console	1703	
	embody	1701	
	constrain	1708	
	disclose	1705	
	withstand	1710	
	illuminate	1702	

忘れていた単語は, p.222 の My Word List へ GO

単語	1回目 意味を確認して単語を書く	2回目 発音しながら単語を書く	3回目 意味に合う単語を書く	意味
1721 **plug** [plʌɡ] プラグ				動 〔plug inで〕の**プラグを電源に差し込む**；をふさぐ 名 プラグ；栓；広告
1722 **suck** [sʌk] サック				動 (を)**吸う**；(を)しゃぶる
1723 **mock** [mɑ(:)k] マ(ー)ック				動 を**ばかにする**；のまねをしてからかう　名 あざけり 形 偽[⒝]の；模擬の
1724 **tease** [tiːz] ティーズ				動 (を)**からかう**；をいじめる
1725 **soothe** [suːð] スーず				動 を**なだめる**；を和らげる
1726 **stain** [steɪn] ステイン				動 を**汚す**；に着色する 名 染み；着色剤；汚点
1727 **shun** [ʃʌn] シャン				動 を**避ける**
1728 **stumble** [stʌ́mbl] スタンブる				動 **よろけながら歩く**；つまずく 名 つまずくこと；へま
1729 **flush** [flʌʃ] ふらッシ				動 を**紅潮させる**；を水で流す；紅潮する 名 赤面；水洗
1730 **impair** [ɪmpéər] インペア				動 を**損なう**

2 記憶から引き出す

意味	ID	単語を書こう
動 を**汚す**	1726	
動 (を)**からかう**	1724	
動 を**損なう**	1730	
動 を**紅潮させる**	1729	
動 (を)**吸う**	1722	
動 を**ばかにする**	1723	
動 **よろけながら歩く**	1728	
動 を**避ける**	1727	
動 を**なだめる**	1725	
動 の**プラグを電源に差し込む**	1721	in

3 Drill**97**の復習テスト

✓	単語 なぞって書く	ID	意味を書こう
	tweet	1711	
	render	1718	
	surrender	1720	
	displace	1717	
	blur	1714	
	plunge	1719	
	erupt	1713	
	sneeze	1712	
	embed	1716	
	overlap	1715	

忘れていた単語は，p.222 の My Word List へ **GO**

単語	1回目 意味を確認して単語を書く	2回目 発音しながら単語を書く	3回目 意味に合う単語を書く	意味
1731 **presume** 発 ア [prɪzjúːm] プリズ(ュ)ーム		➡	⬇	動 と思う；と推定する；を前提とする
1732 **contend** [kənténd] コンテンド		➡	⬇	動 と主張する；競う
1733 **roar** [rɔːr] ロー		➡	⬇	動 うなる，ほえる；大笑いする　名 どなり声；ほえ声；轟音[ごうおん]
1734 **haunt** [hɔːnt] ホーント		➡	⬇	動 (記憶・考えなどに)につきまとう；(幽霊などが)に出る　名 (人が)よく行く場所
1735 **divert** ア [dəváːrt] ディヴァ〜ト		➡	⬇	動 (注意など)をそらす；を迂回[うかい]させる；(資金など)を転用する
1736 **await** [əwéɪt] アウェイト		➡	⬇	動 を待つ
1737 **fetch** [fetʃ] ふェッチ		➡	⬇	動 を(行って)持って[連れて]くる
1738 **unify** [júːnɪfàɪ] ユーニふァイ		➡	⬇	動 を統合[統一]する；統一される
1739 **inspect** [ɪnspékt] インスペクト		➡	⬇	動 を点検する；を視察する
1740 **entail** [ɪntéɪl] インテイる		➡	⬇	動 を伴う，引き起こす；を含む

2 記憶から引き出す

意味	ID	単語を書こう
動 うなる，ほえる	1733	
動 を(行って)持って[連れて]くる	1737	
動 を待つ	1736	
動 と主張する	1732	
動 (記憶・考えなどが)につきまとう	1734	
動 を伴う，引き起こす	1740	
動 を統合[統一]する	1738	
動 と思う	1731	
動 (注意など)をそらす	1735	
動 を点検する	1739	

3 Drill 98 の復習テスト

✔	単語 なぞって書く	ID	意味を書こう
	soothe	1725	
	stain	1726	
	flush	1729	
	plug	1721	
	shun	1727	
	mock	1723	
	suck	1722	
	tease	1724	
	impair	1730	
	stumble	1728	

忘れていた単語は，p.222 の My Word List へ **Go**

Drill 100 1 書いて記憶 [単語番号：1741 ～ 1750]

学習日：　月　日

単語	1回目 意味を確認して単語を書く	2回目 発音しながら単語を書く	3回目 意味に合う単語を書く	意味
1741 **tactics** [tǽktɪks] タクティクス				[名] 作戦，方策；戦術，戦法
1742 **feat** [fiːt] ふィート				[名] 偉業，功績；妙技
1743 **prestige** [発][ア] [prestíːʒ] プレスティージ				[名] 名声；〔形容詞的に〕名声のある
1744 **analogy** [ア] [ənǽlədʒi] アナろヂィ				[名] 類推；類似
1745 **conscience** [発][ア] [kɑ́(ː)nʃəns] カ(ー)ンシェンス				[名] 良心；分別
1746 **textile** [tékstaɪl] テクスタイる				[名] 織物；繊維(産業)
1747 **deficit** [ア] [défəsɪt] デふィスィット				[名] 赤字，不足；欠陥
1748 **plague** [発] [pleɪg] プれイグ				[名] 疫病；(害虫などの)異常発生 [動] 〔しばしば受身形で〕苦しめられる
1749 **hazard** [hǽzərd] ハザド				[名] 危険(要素)；偶然 [動] を思い切って言って[やって]みる
1750 **metabolism** [mətǽbəlìzm] メタボリズム				[名] (新陳)代謝，代謝作用

2 記憶から引き出す

意味	ID	単語を書こう
[名] 類推	1744	
[名] 良心	1745	
[名] 疫病	1748	
[名] 織物	1746	
[名] (新陳)代謝，代謝作用	1750	
[名] 偉業，功績	1742	
[名] 名声	1743	
[名] 作戦，方策	1741	
[名] 危険(要素)	1749	
[名] 赤字，不足	1747	

3 Drill 99 の復習テスト

✓	単語 なぞって書く	ID	意味を書こう
	unify	1738	
	await	1736	
	inspect	1739	
	roar	1733	
	contend	1732	
	fetch	1737	
	entail	1740	
	divert	1735	
	haunt	1734	
	presume	1731	

忘れていた単語は，p.222 の My Word List へ GO

単語	1回目 意味を確認して単語を書く	2回目 発音しながら単語を書く	3回目 意味に合う単語を書く	意味
1751 **paralysis** [pərǽləsɪs] パラリスィス				名 麻痺 [まひ]；〔比喩的に〕麻痺 （状態）
1752 **grid** [grɪd] グリッド				名 （電気などの）供給網； 格子(模様)；碁盤目 動 にグリッドをつける
1753 **carriage** 発 [kǽrɪdʒ] キャリッヂ				名 馬車；車両；立ち居振舞 い；英 輸送
1754 **friction** [fríkʃən] ふリクション				名 不和；摩擦
1755 **rebel** ア [rébəl] レべる				名 反逆者 動 発アク 反逆[反抗]する
1756 **regime** 発 [rəʒíːm] レジーム				名 政権，政体；体制
1757 **monopoly** ア [mənɑ́(ː)pəli] モナ(ー)ポリィ				名 独占(権)
1758 **staple** [stéɪpl] ステイプる				名 必需食品；主要産物 形 主要な
1759 **merchandise** [mɔ́ːrtʃəndàɪz] マ～チャンダイズ				名 商品 動 を売買する；を売り込む
1760 **vendor** [véndər] ヴェンダァ				名 物売り，行商人；自動 販売機

2 記憶から引き出す

意味	ID	単語を書こう
名 必需食品	1758	
名 政権，政体	1756	
名 不和	1754	
名 独占(権)	1757	
名 反逆者	1755	
名 商品	1759	
名 馬車	1753	
名 （電気などの）供給網	1752	
名 麻痺	1751	
名 物売り，行商人	1760	

3 Drill 100の復習テスト

✔	単語 なぞって書く	ID	意味を書こう
	feat	1742	
	metabolism	1750	
	textile	1746	
	tactics	1741	
	prestige	1743	
	deficit	1747	
	plague	1748	
	analogy	1744	
	hazard	1749	
	conscience	1745	

忘れていた単語は，p.222 の My Word List へ GO

単語	1回目 意味を確認して単語を書く	2回目 発音しながら単語を書く	3回目 意味に合う単語を書く	意味
1761 **supervisor** [súːpərvàɪzər] スーパヴァイザァ				名 監督者；指導教員
1762 **predecessor** [prédəsèsər] プレデセッサァ				名 前任者；前のもの
1763 **personnel** [pə̀ːrsənél] パ～ソネる				名 (集合的に)職員，社員 形 職員の，人事の
1764 **vessel** [vésəl] ヴェッスる				名 船舶；容器；(体液が通る)脈管
1765 **liver** [lívər] リヴァ				名 肝臓
1766 **duration** [djuəréɪʃən] デュアレイション				名 (時間の)継続，持続(時間)
1767 **certificate** [sərtífɪkət] サティふィケット				名 証明書；免許状
1768 **geometry** [dʒiɑ́(ː)mətri] ヂア(ー)ミトゥリィ				名 幾何学
1769 **symmetry** [símətri] スィメトゥリィ				名 (左右)対称；調和
1770 **biography** [baɪɑ́(ː)grəfi] バイア(ー)グラふィ				名 伝記

② 記憶から引き出す

意味	ID	単語を書こう
名 (左右)対称	1769	
名 幾何学	1768	
名 職員，社員	1763	
名 伝記	1770	
名 監督者	1761	
名 (時間の)継続，持続(時間)	1766	
名 肝臓	1765	
名 証明書	1767	
名 船舶	1764	
名 前任者	1762	

③ Drill **101** の復習テスト

✓	単語 なぞって書く	ID	意味を書こう
	rebel	1755	
	vendor	1760	
	paralysis	1751	
	grid	1752	
	carriage	1753	
	staple	1758	
	friction	1754	
	regime	1756	
	merchandise	1759	
	monopoly	1757	

忘れていた単語は，p.222 の My Word List へ **GO▶**

単語	1回目 意味を確認して単語を書く	2回目 発音しながら単語を書く	3回目 意味に合う単語を書く	意味
1771 **masterpiece** [mǽstərpìːs] マスタピース		➡	⬇	名 傑作
1772 **rhyme** 発 [raɪm] ライム		➡	⬇	名 押韻詩；韻；(通例~s)詩歌 [しいか]　動 (語)に韻を踏ませる；韻を踏む
1773 **premium** 発 [príːmiəm] プリーミアム		➡	⬇	名 保険料；プレミア；景品 形 特別高級の，高品質の
1774 **breakdown** [bréɪkdàʊn] ブレイクダウン		➡	⬇	名 崩壊；(神経)衰弱；故障； 内訳
1775 **courtesy** 発 [kə́ːrtəsi] カ〜ティスィ		➡	⬇	名 礼儀正しさ；好意；優遇 形 儀礼上の；無料サービスの
1776 **protocol** 発 [próʊtəkà(ː)l] プロウトカ(ー)る		➡	⬇	名 (条約)議定書；外交儀礼；プロトコル
1777 **specimen** 発 [spésəmɪn] スペスィメン		➡	⬇	名 標本；実例
1778 **thesis** 発 [θíːsɪs] すィースィス		➡	⬇	名 論文；命題，テーゼ
1779 **eligible** ク [élɪdʒəbl] エリヂャブる		➡	⬇	形 適格の，資格のある； (結婚相手として)望ましい 名 適任者；有資格者
1780 **intrinsic** [ɪntrínsɪk] イントゥリンスィック		➡	⬇	形 固有の，本質的な

② 記憶から引き出す

意味	ID	単語を書こう
名 論文	1778	
名 礼儀正しさ	1775	
名 崩壊	1774	
名 保険料	1773	
名 傑作	1771	
名 (条約)議定書	1776	
名 標本	1777	
形 適格の，資格のある	1779	
形 固有の，本質的な	1780	
名 押韻詩	1772	

③ Drill **102** の復習テスト

✓	単語 なぞって書く	ID	意味を書こう
	duration	1766	
	supervisor	1761	
	vessel	1764	
	symmetry	1769	
	biography	1770	
	liver	1765	
	geometry	1768	
	predecessor	1762	
	certificate	1767	
	personnel	1763	

忘れていた単語は，p.222 の My Word List へ **GO**➤

Drill 104 ① 書いて記憶 [単語番号：1781 ～ 1790] 学習日：　月　日

単語	1回目 意味を確認して単語を書く	2回目 発音しながら単語を書く	3回目 意味に合う単語を書く	意味
1781 **diligent** [dílɪdʒənt] ディリヂェント				[形] 勤勉な；入念な
1782 **vocational** [voʊkéɪʃənəl] ヴォウケイショヌる				[形] 職業の，職業訓練の（ための）
1783 **bankrupt** [bǽŋkrʌpt] バンクラプト				[形] 破産宣告を受けた；破綻[はたん]している [動] を破産させる [名] 破産者；破綻者
1784 **stern** [発] [stəːrn] スタ～ン				[形] 厳しい；いかめしい [名] 船尾
1785 **stubborn** [ア] [stʌ́bərn] スタボン				[形] 頑固な，強情な；手に負えない
1786 **maternal** [mətə́ːrnəl] マタ～ヌる				[形] 母の，母親らしい；妊婦の
1787 **fertile** [発] [ア] [fə́ːrtəl] ふァ～トゥる				[形] 肥沃[ひよく]な；多産の
1788 **ripe** [raɪp] ライプ				[形] 熟した；成熟した
1789 **stiff** [stɪf] スティふ				[形] 硬直した，凝った；堅い
1790 **obsolete** [ア] [à(ː)bsəlíːt] ア(ー)ブソリート				[形] 廃れた，使われなくなった；古くなった

② 記憶から引き出す

意味	ID	単語を書こう
[形] 肥沃な	1787	
[形] 廃れた，使われなくなった	1790	
[形] 頑固な，強情な	1785	
[形] 職業の，職業訓練の（ための）	1782	
[形] 厳しい	1784	
[形] 硬直した，凝った	1789	
[形] 破産宣告を受けた	1783	
[形] 勤勉な	1781	
[形] 熟した	1788	
[形] 母の，母親らしい	1786	

③ Drill 103の復習テスト

✓	単語 なぞって書く	ID	意味を書こう
	breakdown	1774	
	eligible	1779	
	premium	1773	
	intrinsic	1780	
	specimen	1777	
	masterpiece	1771	
	thesis	1778	
	courtesy	1775	
	protocol	1776	
	rhyme	1772	

忘れていた単語は，p.222 の My Word List へ GO

Drill 105 [1] 書いて記憶 [単語番号：1791 ～ 1800]

学習日：　　月　　日

単語	1回目 意味を確認して単語を書く	2回目 発音しながら単語を書く	3回目 意味に合う単語を書く	意味
1791 **vacant** [発] [véɪkənt] ヴェイカント				[形] 空いている
1792 **acoustic** [発] [əkú:stɪk] アクースティック				[形] 音響の；聴覚の；(楽器が)アコースティックの
1793 **preliminary** [ア] [prɪlímənèri] プリリミネリ				[形] 予備の，準備の [名] (通例～ies)予備[準備]段階
1794 **approximate** [発] [əprá(:)ksɪmət] アプラ(ー)クスィメット				[形] おおよその
1795 **implicit** [ア] [ɪmplísɪt] インプリスィット				[形] 暗黙の；内在する
1796 **punctual** [pʌ́ŋktʃuəl] パンクチュアる				[形] 時間を守る
1797 **compatible** [ア] [kəmpǽtəbl] コンパティブる				[形] 矛盾しない；互換性のある；気が合う
1798 **ample** [ǽmpl] アンプる				[形] 十分すぎるほどの；広い
1799 **pervasive** [pərvéɪsɪv] パヴェイスィヴ				[形] 隅々に広がった；浸透する；充満する
1800 **ubiquitous** [発] [jubíkwətəs] ユビクウィタス				[形] 至る所にある

[2] 記憶から引き出す

意味	ID	単語を書こう
[形] 音響の	1792	
[形] 矛盾しない	1797	
[形] 隅々に広がった	1799	
[形] 暗黙の	1795	
[形] おおよその	1794	
[形] 時間を守る	1796	
[形] 至る所にある	1800	
[形] 予備の，準備の	1793	
[形] 十分すぎるほどの	1798	
[形] 空いている	1791	

[3] Drill 104の復習テスト

✓	単語 なぞって書く	ID	意味を書こう
	maternal	1786	
	bankrupt	1783	
	ripe	1788	
	vocational	1782	
	diligent	1781	
	stern	1784	
	fertile	1787	
	stubborn	1785	
	obsolete	1790	
	stiff	1789	

忘れていた単語は，p.222 の My Word List へ GO

My Word List Drill 95 ～ 104
～覚えていなかった単語～

単語	意味

単語	意味

単語	意味

最低「5回」は書いて絶対に覚えよう！

Part 3 Section 19

単語	1回目 意味を確認して単語を書く	2回目 発音しながら単語を書く	3回目 意味に合う単語を書く	意味
1801 **deduce** [dɪdjúːs] ディデュース				動 を**推測する，演繹**[えんえき]**する**
1802 **simulate** [símjulèɪt] スィミュれイト				動 を**模擬実験する**；を装う；をまねる
1803 **merge** [məːrdʒ] マ～ヂ				動 (を)**合併する**；を融合させる；溶け込む
1804 **penetrate** [pénətrèɪt] ペネトゥレイト				動 (に)**浸透する**；(に)進出する；(を)貫く；(を)見抜く
1805 **cater** [kéɪtər] ケイタァ				動 (の)**料理をまかなう**；(要望などに)応える
1806 **assault** 発 [əsɔ́(ː)lt] アソ(ー)るト				動 に**暴行する**；を攻撃する 名 攻撃，非難；暴行
1807 **torture** [tɔ́ːrtʃər] トーチャ				動 を**拷問にかける**；を苦しめる 名 拷問；苦痛(の種)
1808 **bleed** [bliːd] ブりード				動 **出血する**
1809 **erect** [ɪrékt] イレクト				動 を**建てる**；を直立させる 形 直立した，垂直の
1810 **cherish** [tʃérɪʃ] チェリッシ				動 を**大切にする**；を心に抱く

■2 記憶から引き出す

意味	ID	単語を書こう
動 を**模擬実験する**	1802	
動 を**建てる**	1809	
動 (を)**合併する**	1803	
動 (の)**料理をまかなう**	1805	
動 を**推測する，演繹する**	1801	
動 を**拷問にかける**	1807	
動 に**暴行する**	1806	
動 を**大切にする**	1810	
動 (に)**浸透する**	1804	
動 **出血する**	1808	

■3 Drill **105**の復習テスト

✓	単語 なぞって書く	ID	意味を書こう
	preliminary	1793	
	ample	1798	
	acoustic	1792	
	compatible	1797	
	vacant	1791	
	approximate	1794	
	punctual	1796	
	implicit	1795	
	pervasive	1799	
	ubiquitous	1800	

忘れていた単語は，p.234 の My Word List へ **GO**

単語	1回目 意味を確認して単語を書く	2回目 発音しながら単語を書く	3回目 意味に合う単語を書く	意味
1811 **arouse** 発[əráuz] アラウズ		➡	⬇	動 (感情など)を引き起こす；を目覚めさせる
1812 **doom** [du:m] ドゥーム		➡	⬇	動 〔通例受身形で〕運命にある 名 (不幸な)運命；破滅
1813 **mourn** [mɔ:rn] モーン		➡	⬇	動 (を)悼む；(を)嘆く
1814 **dread** 発[dred] ドゥレッド		➡	⬇	動 をひどく恐れる 名 恐れ；不安
1815 **nourish** [nə́:rɪʃ] ナ～リッシ		➡	⬇	動 に栄養を与える；をはぐくむ
1816 **inject** [ɪndʒékt] インヂェクト		➡	⬇	動 (人)に注射する，を注入する；を導入する
1817 **swear** [sweər] スウェア		➡	⬇	動 ののしる；(を)誓う 名 ののしり，悪態
1818 **bid** [bɪd] ビッド		➡	⬇	動 の値をつける；(挨拶〔あいさつ〕)を述べる 名 付け値；入札；努力
1819 **corrupt** [kərʌ́pt] コラプト		➡	⬇	動 を堕落させる；を買収する；堕落する 形 堕落した；不正な
1820 **preoccupy** [priá(:)kjupàɪ] プリア(ー)キュパイ		➡	⬇	動 の心を奪う，を夢中にさせる

■2 記憶から引き出す

意味	ID	単語を書こう
動 (感情など)を引き起こす	1811	
動 運命にある	1812	
動 に栄養を与える	1815	
動 を堕落させる	1819	
動 ののしる	1817	
動 (を)悼む	1813	
動 の値をつける	1818	
動 (人)に注射する，を注入する	1816	
動 の心を奪う，を夢中にさせる	1820	
動 をひどく恐れる	1814	

■3 Drill **106** の復習テスト

✔	単語 なぞって書く	ID	意味を書こう
	merge	1803	
	bleed	1808	
	simulate	1802	
	torture	1807	
	cherish	1810	
	cater	1805	
	assault	1806	
	penetrate	1804	
	erect	1809	
	deduce	1801	

忘れていた単語は，p.234 の My Word List へ **GO**

Drill **108** [1] 書いて記憶 [単語番号：1821 ～ 1830]

学習日：　　月　　日

単語	1回目 意味を確認して単語を書く	2回目 発音しながら単語を書く	3回目 意味に合う単語を書く	意味
1821 **browse** [brauz] ブラウズ				[動] (を)拾い読みする；(を)閲覧する；(商品など)を見て歩く
1822 **compile** [kəmpáɪl] コンパイる				[動] を編集する；(資料など)をまとめる
1823 **allocate** [ǽləkèɪt] アらケイト				[動] を割り当てる，分配する
1824 **offset** [アク] [ɔ̀(:)fsét] オ(ー)ふセット				[動] を相殺[そうさい]する，埋め合わせる [名] [アク別] 相殺するもの [形] [アク別] オフセットの
1825 **restrain** [rɪstréɪn] リストゥレイン				[動] を制止する；を規制する
1826 **comply** [kəmpláɪ] コンプらイ				[動] 従う，応じる
1827 **expire** [ɪkspáɪər] イクスパイア				[動] 期限が切れる
1828 **embark** [ɪmbɑ́:rk] インバーク				[動] 乗り出す；乗船[搭乗]する
1829 **flap** [flæp] ふらップ				[動] パタパタ動く；羽ばたく [名] はためき；パタパタするもの[音]
1830 **furnish** [fə́:rnɪʃ] ふァ～ニッシ				[動] に備えつける

[2] 記憶から引き出す

意味	ID	単語を書こう
[動] を編集する	1822	
[動] を制止する	1825	
[動] (を)拾い読みする	1821	
[動] 従う，応じる	1826	
[動] 期限が切れる	1827	
[動] に備えつける	1830	
[動] を相殺する，埋め合わせる	1824	
[動] 乗り出す	1828	
[動] を割り当てる，分配する	1823	
[動] パタパタ動く	1829	

[3] Drill 107の復習テスト

✔	単語 なぞって書く	ID	意味を書こう
	bid	1818	
	nourish	1815	
	swear	1817	
	dread	1814	
	mourn	1813	
	arouse	1811	
	doom	1812	
	inject	1816	
	corrupt	1819	
	preoccupy	1820	

忘れていた単語は，p.234 の My Word List へ GO

Drill **109** ## [1] 書いて記憶 [単語番号：1831 ～ 1840]

学習日：　　月　　日

単語	1回目 意味を確認して単語を書く	2回目 発音しながら単語を書く	3回目 意味に合う単語を書く	意味
1831 **forge** [fɔːrdʒ] ふォーヂ				[動] を偽造する；(関係など)を築く；を鍛造する [名] 鍛冶[かじ]屋の仕事場；鉄工所
1832 **thrust** [θrʌst] すラスト				[動] を押しつける；を突き刺す；押し進む [名] ぐいと押すこと；推進力；(the ～)要旨
1833 **dispatch** [dɪspǽtʃ] ディスパッチ				[動] を派遣する；を発送する；を処理する [名] 派遣，急派；発送
1834 **resent** [発][ア] [rɪzént] リゼント				[動] に憤慨する
1835 **reconcile** [ア] [rékənsàɪl] レコンサイる				[動] を一致させる；を和解させる
1836 **allege** [əlédʒ] アれッヂ				[動] を主張する
1837 **oppress** [ア] [əprés] オプレス				[動] を抑圧[迫害]する；を悩ませる
1838 **expel** [ア] [ɪkspél] イクスぺる				[動] を追放する；を吐き出す
1839 **ascend** [əsénd] アセンド				[動] (を)上がる
1840 **commence** [kəméns] コメンス				[動] 始まる；を開始する；…し始める

[2] 記憶から引き出す

意味	ID	単語を書こう
[動] を押しつける	1832	
[動] に憤慨する	1834	
[動] を追放する	1838	
[動] (を)上がる	1839	
[動] を一致させる	1835	
[動] を抑圧[迫害]する	1837	
[動] 始まる	1840	
[動] を主張する	1836	
[動] を派遣する	1833	
[動] を偽造する	1831	

[3] Drill 108の復習テスト

✓	単語 なぞって書く	ID	意味を書こう
	comply	1826	
	offset	1824	
	furnish	1830	
	restrain	1825	
	flap	1829	
	compile	1822	
	expire	1827	
	embark	1828	
	allocate	1823	
	browse	1821	

忘れていた単語は，p.234 の My Word List へ GO

Drill 110 **1** 書いて記憶 [単語番号：1841 ～ 1850]　学習日：　月　日

単語	1回目 意味を確認して単語を書く	2回目 発音しながら単語を書く	3回目 意味に合う単語を書く	意味
1841 **advent** [ア][ǽdvènt] アドヴェント				[名] 〔the ～〕出現，到来
1842 **reign** [発][reɪn] レイン				[名] 治世；統治 [動] 君臨する
1843 **diplomacy** [ア][dɪplóuməsi] ディプろウマスィ				[名] 外交（的手腕）
1844 **embassy** [ア][émbəsi] エンバスィ				[名] 大使館；大使一行
1845 **exile** [ア][éksaɪl] エクサイる				[名] 亡命（者）；（国外）追放 [動] 〔通例受身形で〕国外追放される
1846 **refuge** [ア][réfjuːdʒ] レふューヂ				[名] 避難（所）；保護
1847 **plight** [plaɪt] プらイト				[名] 窮状；（悪い）状態
1848 **solitude** [ア][sɑ́(ː)lətjùːd] サ（ー）りテュード				[名] ひとりでいること；孤独
1849 **fallacy** [ア][fǽləsi] ふァらスィ				[名] 誤った考え，誤信；錯誤
1850 **latitude** [lǽtətjùːd] らティトゥード				[名] 緯度；（行動・思想などの）許容範囲

2 記憶から引き出す

意味	ID	単語を書こう
[名] 緯度	1850	
[名] 亡命（者）	1845	
[名] 外交（的手腕）	1843	
[名] 治世	1842	
[名] 窮状	1847	
[名] 誤った考え，誤信	1849	
[名] 大使館	1844	
[名] ひとりでいること	1848	
[名] 避難（所）	1846	
[名] 出現，到来	1841	

3 Drill 109の復習テスト

✓	単語 なぞって書く	ID	意味を書こう
	ascend	1839	
	expel	1838	
	reconcile	1835	
	commence	1840	
	allege	1836	
	oppress	1837	
	forge	1831	
	dispatch	1833	
	thrust	1832	
	resent	1834	

忘れていた単語は，p.234 の My Word List へ GO

Drill 111 ① 書いて記憶 [単語番号：1851 ～ 1860]

学習日：　　月　　日

単語	1回目 意味を確認して単語を書く	2回目 発音しながら単語を書く	3回目 意味に合う単語を書く	意味
1851 **eclipse** [アク] [ɪklíps] イクリップス				[名] (日食・月食などの)食[しょく]；(名声などの)失墜 [動] (天体)を欠けさせる，食する
1852 **basin** [発] [béɪsən] ベイスン				[名] 流域；盆地，海盆；洗面器[台]
1853 **erosion** [ɪróuʒən] イロウジョン				[名] 浸食；衰退
1854 **archaeology** [àːrkiá(ː)lədʒi] アーキア(ー)ろヂィ				[名] 考古学
1855 **errand** [アク] [érənd] エランド				[名] (人の)使い，使い走り；用件
1856 **mercy** [mə́ːrsi] マ～スィ				[名] 慈悲；〔通例 a ～〕幸運
1857 **rhetoric** [アク] [rétərɪk] レトリック				[名] 修辞(法)；美辞麗句
1858 **verse** [vəːrs] ヴァ～ス				[名] 韻文；詩
1859 **congestion** [kəndʒéstʃən] コンヂェスチョン				[名] 混雑
1860 **sewage** [発] [súːɪdʒ] スーイッヂ				[名] 下水

② 記憶から引き出す

意味	ID	単語を書こう
[名] 慈悲	1856	
[名] 流域	1852	
[名] (人の)使い，使い走り	1855	
[名] (日食・月食などの)食	1851	
[名] 浸食	1853	
[名] 混雑	1859	
[名] 考古学	1854	
[名] 下水	1860	
[名] 修辞(法)	1857	
[名] 韻文	1858	

③ Drill 110の復習テスト

✓	単語 なぞって書く	ID	意味を書こう
	exile	1845	
	diplomacy	1843	
	fallacy	1849	
	refuge	1846	
	latitude	1850	
	solitude	1848	
	reign	1842	
	embassy	1844	
	plight	1847	
	advent	1841	

忘れていた単語は，p.234 の My Word List へ GO

Drill 112 [1] 書いて記憶 [単語番号：1861 ～ 1870]

学習日：　　月　　日

単語	1回目 意味を確認して単語を書く	2回目 発音しながら単語を書く	3回目 意味に合う単語を書く	意味
1861 **complement** [kɑ́(ː)mpləmənt] カ(ー)ンプリメント				[名] **補完物，補足**；(文法の)補語 [動] [発別] を補完する；を引き立てる
1862 **subsidy** [ア][sʌ́bsədi] サブスィディ				[名] **補助金**；報奨金
1863 **mortgage** [発][mɔ́ːrɡɪdʒ] モーギッヂ				[名] **住宅ローン**；抵当(権) [動] を抵当に入れる
1864 **attorney** [ア][ətə́ːrni] アタ～ニィ				[名] [米] **弁護士**；代理人
1865 **outfit** [áutfìt] アウトふィット				[名] **衣装一式**；装備[道具]一式；組織 [動] に必要な装備を施す
1866 **bulk** [bʌlk] バるク				[名] (the ～) **大半**；大きさ；大量
1867 **reunion** [riːjúːnjən] リーユーニョン				[名] **再会(の集い)**；再結合
1868 **synthesis** [ア][sínθəsɪs] スィンせスィス				[名] **合成**；総合
1869 **mold** [mould] モウるド				[名] **鋳型**[いがた]；鋳物；性格；かび [動] を型に入れて作る
1870 **thirst** [発][θəːrst] さ～スト				[名] **(のどの)渇き**；渇望 [動] のどが渇く；渇望する

[2] 記憶から引き出す

意味	ID	単語を書こう
[名] 住宅ローン	1863	
[名] 補完物，補足	1861	
[名] 衣装一式	1865	
[名] 合成	1868	
[名] 再会(の集い)	1867	
[名] 大半	1866	
[名] (のどの)渇き	1870	
[名] 鋳型	1869	
[名] [米] 弁護士	1864	
[名] 補助金	1862	

[3] Drill 111 の復習テスト

✔	単語 なぞって書く	ID	意味を書こう
	archaeology	1854	
	errand	1855	
	sewage	1860	
	rhetoric	1857	
	mercy	1856	
	erosion	1853	
	eclipse	1851	
	congestion	1859	
	basin	1852	
	verse	1858	

忘れていた単語は，p.234 の My Word List へ GO

Drill 113 [1] 書いて記憶 [単語番号：1871 ～ 1880]

学習日：　　月　　日

単語	1回目 意味を確認して単語を書く	2回目 発音しながら単語を書く	3回目 意味に合う単語を書く	意味
1871 **greed** [gri:d] グリード				[名] 強欲
1872 **bribe** [braɪb] ブライブ				[名] 賄賂［わいろ］ [動] を買収する
1873 **contempt** [kəntémpt] コンテンプト				[名] 軽蔑［けいべつ］；恥辱
1874 **texture** [tékstʃər] テクスチャ				[名] 感触，手触り；本質；質感
1875 **orphan** [ɔ́:rfən] オーふァン				[名] 孤児 [形] 孤児の；見捨てられた [動] 〔受身形で〕孤児になる
1876 **harassment** [hərǽsmənt] ハラスメント				[名] 嫌がらせ，ハラスメント
1877 **hay** [heɪ] ヘイ				[名] 干し草
1878 **doctrine** [ア] [dá(:)ktrɪn] ダ(ー)クトゥリン				[名] 教義；[米]（政策上の）主義
1879 **holistic** [hoʊlístɪk] ホウリスティック				[形] 全体論の；（医療が）ホリスティックの
1880 **liable** [発] [láɪəbl] らイアブる				[形] しがちな；受けやすい；責任がある

[2] 記憶から引き出す

意味	ID	単語を書こう
[名] 賄賂	1872	
[名] 感触，手触り	1874	
[形] 全体論の	1879	
[名] 干し草	1877	
[名] 強欲	1871	
[名] 孤児	1875	
[名] 教義	1878	
[形] しがちな	1880	
[名] 嫌がらせ，ハラスメント	1876	
[名] 軽蔑	1873	

[3] Drill 112の復習テスト

✓	単語 なぞって書く	ID	意味を書こう
	bulk	1866	
	outfit	1865	
	reunion	1867	
	complement	1861	
	mortgage	1863	
	subsidy	1862	
	mold	1869	
	attorney	1864	
	thirst	1870	
	synthesis	1868	

忘れていた単語は，p.234 の My Word List へ Go

単語	1回目 意味を確認して単語を書く	2回目 発音しながら単語を書く	3回目 意味に合う単語を書く	意味
1881 **earnest** 発[ə́:rnist] ア～ネスト				形 まじめな，熱心な 名 まじめ，本気
1882 **intelligible** ア[ɪntélɪdʒəbl] インテリヂブる				形 （簡単に）理解できる
1883 **abrupt** [əbrʌ́pt] アブラプト				形 突然の
1884 **reckless** [rékləs] レックれス				形 無謀な；顧みない
1885 **furious** [fjúəriəs] ふュ(ア)リアス				形 激怒した；猛烈な
1886 **eloquent** ア[éləkwənt] エろクウェント				形 雄弁な；説得力のある
1887 **juvenile** 発[dʒúːvənàɪl] ヂューヴィナイる				形 青少年の 名 青少年，未成年者
1888 **notorious** ア[noutɔ́ːriəs] ノウトーリアス				形 悪名高い
1889 **timid** [tímɪd] ティミッド				形 臆病[おくびょう]な；内気な
1890 **humid** 発[hjúːmɪd] ヒューミッド				形 湿気のある

2 記憶から引き出す

意味	ID	単語を書こう
形 青少年の	1887	
形 悪名高い	1888	
形 雄弁な	1886	
形 まじめな，熱心な	1881	
形 湿気のある	1890	
形 突然の	1883	
形 臆病な	1889	
形 無謀な	1884	
形 （簡単に）理解できる	1882	
形 激怒した	1885	

3 Drill **113**の復習テスト

✓	単語 なぞって書く	ID	意味を書こう
	texture	1874	
	contempt	1873	
	holistic	1879	
	doctrine	1878	
	orphan	1875	
	greed	1871	
	bribe	1872	
	harassment	1876	
	liable	1880	
	hay	1877	

忘れていた単語は，p.234 の My Word List へ **GO**

1 書いて記憶 [単語番号：1891〜1900]

学習日：　　月　　日

単語	1回目 意味を確認して単語を書く	2回目 発音しながら単語を書く	3回目 意味に合う単語を書く	意味
1891 **contagious** [kəntéɪdʒəs] コンテイヂャス		⇨	⇩	形 感染(性)の：病気を伝染する
1892 **cynical** [sínɪkəl] スィニカる		⇨	⇩	形 冷笑的な，皮肉な
1893 **dumb** 発 [dʌm] ダム		⇨	⇩	形 ばかげた：口のきけない；無言の
1894 **monotonous** 発 ア [məná(:)tənəs] モナ(ー)トナス		⇨	⇩	形 単調な
1895 **perpetual** [pərpétʃuəl] パペチュアる		⇨	⇩	形 永続的な：ひっきりなしの
1896 **dizzy** [dízi] ディズィ		⇨	⇩	形 目まいがする：当惑した 動 に目まいを起こさせる；を当惑させる
1897 **weary** 発 [wíəri] ウィアリィ		⇨	⇩	形 疲れ果てた：うんざりした 動 を疲れさせる；をうんざりさせる
1898 **numb** 発 [nʌm] ナム		⇨	⇩	形 麻痺[ま]した，無感覚な；ぼう然とした 動 を無感覚にする
1899 **mortal** [mɔ́:rtəl] モートゥる		⇨	⇩	形 致命的な：死すべき(運命の) 名 [通例~s]死すべきもの，人間
1900 **zealous** 発 [zéləs] ぜらス		⇨	⇩	形 熱心な：熱狂的な

2 記憶から引き出す

意味	ID	単語を書こう
形 単調な	1894	
形 熱心な	1900	
形 冷笑的な，皮肉な	1892	
形 永続的な	1895	
形 致命的な	1899	
形 ばかげた	1893	
形 疲れ果てた	1897	
形 目まいがする	1896	
形 感染(性)の	1891	
形 麻痺した，無感覚な	1898	

3 Drill 114の復習テスト

✔	単語 なぞって書く	ID	意味を書こう
	notorious	1888	
	humid	1890	
	timid	1889	
	intelligible	1882	
	reckless	1884	
	earnest	1881	
	eloquent	1886	
	furious	1885	
	juvenile	1887	
	abrupt	1883	

忘れていた単語は，p.234 の My Word List へ Go→

✔	単語 なぞって書く	ID	意味を書こう
	weary	1897	
	mortal	1899	
	cynical	1892	
	contagious	1891	
	numb	1898	

✔	単語 なぞって書く	ID	意味を書こう
	perpetual	1895	
	monotonous	1894	
	zealous	1900	
	dizzy	1896	
	dumb	1893	

My Word List Drill 105 ～ 115
～覚えていなかった単語～

単語	意味

単語	意味

単語	意味

単語	意味

INDEX

238

239